門倉貴史

世界一身近な世界経済入門

GS
幻冬舎新書
059

オイルマネーに沸くサウジアラビア経済 77
世界中のヒト・モノ・カネが流入するドバイ 80
イラク復興特需で潤うクウェート 84
湾岸地域に統一通貨が誕生する？ 85
石油依存体質からの脱却が進むオマーン 87
イランの核開発疑惑が招く供給不安 89
内戦で産油量が2割も減ったナイジェリア 90
オイル・サンドで台頭著しいベネズエラ 93
油田が次々と見つかるブラジル 95
もともと天然資源豊富なBRICsだが 98
原油の純輸入国に転じた中国 99
インドの原油輸入依存度も7割まで上昇 101
中国とインドの熾烈な争奪戦 102
中印の歩み寄りは原油急騰の歯止めに？ 103
そして値上がりする生活必需品 105
第4章 CO_2とオレンジジュース 109

第2章　寿司ブーム、BRICsに上陸　45

トロを食べるなら今のうち　46
アメリカ・ヨーロッパの寿司事情　47
BRICs富裕層のヘルシー志向　50
水産資源の囲い込みが始まった　57
マグロ減少に歯止めはかかるか　58
庶民の味方のサバやイワシも　60
ウナギの価格は将来的にウナギ上り　61
謎だらけだったウナギの生態　64
市場に出回る上海ガニの8割はニセモノ？　66
たこ焼き文化の命運を握るのはモロッコ　68

第3章　原油高とティッシュペーパー　71

5年間で2・5倍に上昇した原油価格　72
基本は需要と供給のバランス　73
産油国の政情も大きな高騰要因　74

はじめに 11
キーワードは「新興国の台頭」 11
カップめん、17年ぶり値上げの理由 14
原油高がめぐりめぐって釣りざおに 16
家庭におよぶ世界経済の大きな波 17

第1章 コーヒー党、世界各地で急増中 21
コーヒー生豆の値段が上昇 22
もし13億人がコーヒーを飲みはじめたら 24
輸出用高級豆の国内消費が増えているブラジル 29
インドの紅茶輸出は伸び悩み 31
世界第1位のコショウ生産国もコーヒー栽培へ 36
あらためて注目されるトルココーヒー 39
貧困対策と渡り鳥保護に貢献するコーヒー 41
コーヒー発祥の地で起きているコーヒー離れ 44

世界一身近な世界経済入門／目次

果汁100%のジュースを一斉値上げ 110
なぜオレンジ栽培よりもサトウキビ? 111
ジュースも飲みはじめたBRICs富裕層 114
ブラジル・エタノール車市場への外資参入 115
バイオ燃料の一大拠点を目指すインドネシア 117
いま天然ガスの需要が拡大する理由 120
ロシアで強まる資源の国家統制 121
液化天然ガスの最大の輸出国はカタール 125

第5章 レアメタルをめぐるお国事情 127
ゴールドのETFが登場 128
インドの膨大な金需要は持参金制度のため 130
中国でも宝飾用・投資用に需要拡大 134
インフレで国民こぞって金を保有したトルコ 137
プラチナの9割はロシア・南アフリカ産 140
燃料電池・磁気記録材料に不可欠なプラチナ 143
急成長するイスラエルのダイヤモンド産業 144

ウラン資源で脚光を浴びるカザフスタン 147
モンゴルの地下資源をめぐる権益獲得競争 148
建設中のビルから銅線を盗む泥棒まで登場 151
南アのフェロクロム生産には日本も進出 152

第6章 世界経済を制する新興国市場 155

急速に進む「フラット化」 156
NIES・ASEANの台頭とはどこが違うのか 159
BRICsは生産・輸出拠点から消費市場へ 160
27・5億人が世界を食い尽くす？ 164
マルサス『人口論』の悲観的世界が現実に 167
菜食主義で飼料用穀物を節約 169
「ネクスト・イレブン」は本当に有力か 170
ポストBRICsは「VISTA」 172
高成長を可能にする5つのエンジン 173
南ア「ブラック・ダイヤモンド」も要注目 176

第7章　成長と環境破壊のジレンマ　179

北極海の海氷面積が史上最小に　180
CO_2の削減義務がない中国・インド　182
「割箸はご入用ですか」　187
インドが世界の水の2割を消費する？　191
水不足時代到来で日本にビジネスチャンス　194
アマゾンの密林に眠る膨大な遺伝資源　195
毎日100種類以上の生物が絶滅　196
北京郊外にまで迫る砂漠化の危機　198
エコ・ファンドは環境問題の救世主になるか　202

おわりに　207

図版作成　堀内美保（TYPE FACE）

はじめに

キーワードは「新興国の台頭」

最近、オレンジジュース、コーヒー、段ボール、ガソリン、ティッシュペーパー、マヨネーズ、魚介類など、私たちにとって身近な商品が次々に値上がりするようになってきた。日本経済はまだデフレの状態から完全に脱却したとはいえないのに、なぜこれらの商品の値段はいち早く上がってきているのだろうか。

ひとつひとつの商品の値上がりの背景を丹念に探っていくと、ＢＲＩＣｓ（ブラジル、ロシア、インド、中国）をはじめとする「有力新興国の台頭」というキーワードが浮かびあがってくる。もちろん、値上がりのすべてが「新興国の台頭」で説明がつくわけではないが、およそ9割は「新興国の台頭」で片付けることができる。

こう言ってもなかなかイメージがわいてこないと思うので、具体的な事例のひとつとして、チーズを取り上げてみよう。

２００６年、雪印乳業や明治乳業など国内の乳業大手がチーズ価格の値上げに踏み切った。

日本国内でのチーズ価格の値上げは、チーズ原料の国際価格急騰を受けたものだ。

チーズ原料の国際価格が上昇している背景には、中国やロシアといった有力新興国で乳製品に対する需要が急増、世界的に需給が逼迫《ひっぱく》していることがある。

たとえば、経済発展が著しい中国では、人々の間で西洋風の食生活が浸透しつつあり、牛乳やヨーグルト、バター、チーズといった乳製品の需要がうなぎ上りに増加している。

一般的な傾向として、生活水準が改善すると、人々の食生活は、植物性食品から動物性食品へとシフトすることが知られている。戦後の日本の食生活もこのような変化を経験してきた。

また大都市沿岸部では、中産階級を狙ってピザやハンバーガーショップなどのファストフード店の出店が加速しており、これがチーズ需要の増加に拍車をかけているとみられる。

中国は、国内の生産でまかないきれないチーズ原料をオーストラリアやニュージーランドなどから大量に輸入している。

乳製品への需要が高まっているのは中国だけではない。中国と同様、中産階級が台頭して、食生活の西洋化が進んでいるロシアやインドなど他のＢＲＩＣｓ諸国でも乳製品需要・海外からのチーズ原料の輸入は増えている。

ロシアでは、昔から乳製品の人気が高く、赤ちゃんからお年寄りまで、みんな牛乳やヨーグルト、チーズが大好きだ。

ロシアには、独特のヨーグルト「ケフィア」がある。「ケフィア」はコーカサス地方で生まれた発酵乳で、乳酸菌と酵母が一緒に入っている。酸味が強いのが特徴だ。昔からロシアには美女が多いといわれるが、その美の秘訣は「ケフィア」にあるとされる。胃腸の弱い人にも効果があるようだ。最近では、日本でもロシアの「ケフィア」が販売されるようになった。女子棒高跳び選手のエレーナ・イシンバエワさんと国立ボリショイ・バレエ団のマリーヤ・アレクサンドロワさんが、日本における「ケフィア」のPR大使となっている。

豊かになった人たちは、お財布の中身を心配することなく、毎日好きなだけ、牛乳やチーズ、ヨーグルトが食べられるようになった。そこでロシアは、欧州などからチーズなどの輸入を増やしている。

インドは、国民の大半が信仰するヒンドゥー教で牛が神聖視されているため、牛肉はあまり食べないが、乳製品は普通に口にするため、チーズの需要が増加傾向にある。

このようなBRICsにおける乳製品需要増加の影響により、乳製品の国際価格は、中長期的に上昇していく可能性が高い。

そして、乳製品の高騰は、チョコレートなどお菓子の値上げにもつながっている。チョコレートの主な成分は、カカオマス、ココアバター、砂糖、ミルクの4つだが、乳製品とカカオ豆がともに高騰しているため、日本の菓子メーカーは実質値上げを余儀なくされている。

実質値上げというのは、内容量を減らして価格は現状維持にするという意味である。江崎グリコの「ポッキー」の場合、２００７年10月から、価格は据え置きで中身が10％減ってしまった。なぜ菓子メーカーが内容量を減らしてまで、価格を維持するかといえば、お菓子は「これなしでは生きていけない！」という生活必需品ではなくて嗜好品なので、値上げをすると客離れを招きやすいという特徴があるからだ。

カップめん、17年ぶり値上げの理由

もうひとつ、事例を挙げておこう。最近、小麦の値段が大幅に上昇している。なぜ小麦の値段が上昇しているのだろうか。

実はこの背景にも、やはりＢＲＩＣｓをはじめとする有力新興国で小麦の需要が急増していることがある。

これまで、ＢＲＩＣｓは世界の小麦生産の3割を担う主要供給基地であったが、最近では小麦の生産が国内の需要の増加スピードに追いつかなくなり、国際市場から小麦を調達する動きが強まっているのだ。

ＢＲＩＣｓのなかでは、インドの小麦需要の増加が顕著である。

急速な経済発展に伴い中産階級が増加傾向にあるインドでは、ニューデリーやムンバイとい

った都市部を中心に国民の食生活の西洋化が進んでおり、米食からパン食への変化がみられる。また、インドはもともと甘党が多いため、ビスケットなど小麦を原料とした甘味需要も増加傾向にある。

中国でもインドと同様に国民のパン食化が進んでおり、小麦の需要が増えている。さらに、最近ではＢＲＩＣｓだけではなく、モロッコなどアフリカ諸国でも小麦を海外から調達する動きが出てきた。

有力新興国の小麦需要が趨勢《すうせい》として増加するなか、世界の小麦生産量に占めるＢＲＩＣｓの消費の割合は急激に高まりつつある。

１９７０年の段階では20・１％であったが、年々上昇を続けて80年に24・２％、90年に28・１％となり、２００５年は36・０％に達した。このまま、ＢＲＩＣｓをはじめとする有力新興国の高成長が続けば、小麦の需要はさらに増加を続けていくことになろう。

また、小麦の国際価格が上昇している供給側の要因として、世界的にバイオ燃料の人気が高まるなか、それまで小麦を栽培していた農家がバイオ燃料の原料となるサトウキビやトウモロコシに転作していることが挙げられる。小麦で生計をたてる農家がどんどん減ってきているのだ。

小麦の値段が高騰すると、国内で消費する小麦の約９割を輸入に頼る日本では、様々な商品の値段に影響が及んできてしまう。

たとえば、小麦を主原料に使っているカップめん。日清食品や明星食品、サンヨー食品といった大手即席めんメーカーは、2008年1月から一斉値上げを実施する。カップめんの一斉値上げは実に17年ぶりのことだ。カップめんのほか、小麦を原料とするうどんや家庭用パスタ、カレールウ、食パンなども値上げされる。

小麦価格の上昇には、天候条件など一時的な要因も含まれているが、BRICsの消費拡大という需要側の要因、サトウキビやトウモロコシへの転作といった供給側の要因は、いわば「構造的」なものといえる。

このため、各種の穀物価格は、短期のみならず中長期でみても需給逼迫を背景に上昇傾向で推移する可能性が高い。

原油高がめぐりめぐって釣りざおに

もうひとつ、釣りざおの値段が急に上がっているのはなぜだろうか。釣りを趣味にしている人は、釣具店に行って、なにげなく釣りざおが値上げされているのに気づいてビックリした人も多いだろう。

釣りざおの値上げにも、有力新興国の台頭が影響を及ぼしている。

これはチーズや小麦の値上げのカラクリに比べると、複雑な因果関係になっているので、ひとつずつときほぐしていくと、まず、釣りざおの原料である「炭素繊維」の値段が上がっている。炭素繊維は、軽量で強度が高いという特徴をもつ素材だ。

そして、なぜ炭素繊維の値段が上がっているかというと、米国のボーイングや欧州のエアバスといった世界の航空機産業が炭素繊維を大量に必要としているからだ。

航空機産業がなぜ炭素繊維を調達しているかといえば、軽量で強度のある炭素繊維を使って飛行機の機体を軽量化するためだ。飛行機を軽量化するのは、原油高で燃料費が上がっているため、機体を少しでも軽くして燃費をよくすることを目的にしている。

さらにさらに遡《さかのぼ》って、なぜ原油高が起きているかを考えると、中国やインドといった有力新興国でモータリゼーションなどが進み、原油需要が盛り上がっていることがある。

つまり、新興国の台頭などを背景に発生した原油高がめぐりめぐって、釣りざおの値上げに至ったというわけだ。

家庭におよぶ世界経済の大きな波

本書には、東京都に在住する平均的な日本人の夫婦、佐藤良雄さん（35歳）とその妻佳子さん（30歳）が登場する。良雄さんは普通のサラリーマン、佳子さんは専業主婦である。

読者のみなさんは、彼らが日常生活のなかで体験する様々な出来事をきっかけに、身近なモノの値段のカラクリがわかる。そして値上がりの背景にある新興国の台頭や世界経済の大きな波が理解できるだろう。

さて、本書の構成をあらかじめ簡単に紹介しておきたい。まず、第1章では、コーヒーの値段が上がっている理由を明らかにする。合わせて、世界のコーヒー文化についても紹介したい。

第2章ではカニやマグロなど、魚介類の値段が上がっている背景を探る。日本食ブームで世界中の人たちが魚を食べ始めるようになったため、魚が足りなくなってきている。今後、日本人の好物である寿司の値段が大幅にアップするかもしれない。

第3章では、ガソリンやティッシュペーパーの値段が上がっている背景について考える。原油価格の高騰はガソリンだけでなく様々なモノの値段にも影響を及ぼしてくる。

第4章では、オレンジジュースの値段が上がっている背景を明らかにする。原油の代替エネルギーについても詳しく紹介したい。

第5章では、ゴールドやプラチナといった希少金属（レアメタル）の値段が上がっている背景について探る。

そして第6章では、様々なモノの値上がりを引き起こしている有力新興国の台頭が、どのような仕組みで起こってきたのかを解き明かす。

最後の第7章では、有力新興国の台頭によって、資源が枯渇する危険が高まっていることに対する警笛を鳴らす。

第1章 コーヒー党、世界各地で急増中

コーヒー生豆の値段が上昇

良雄さんは、毎朝、朝食に合わせてコーヒーを飲むことを楽しみにしている。良雄さんは、コーヒーにこだわりがあって、インスタント・コーヒーや缶コーヒーは飲まず、必ずコーヒー豆から抽出したレギュラー・コーヒーを飲むようにしている。

良雄さんに限らず、コーヒーをこよなく愛する人は多い。世界を見渡せば、コーヒーは水に次いで、お茶とともに最もよく飲まれている飲料といえる。

なぜ、コーヒーがこれだけ人気を博しているかといえば、そこに「カフェイン」と呼ばれる魔法の成分が含まれているからにほかならない。一杯のコーヒーには、60〜80ミリグラムのカフェインが含まれている。

カフェインは私たちの脳神経系に作用して、眠気や倦怠感を取り除いてくれる。爽快な感覚を得ることができるのだ。眠気覚ましにコーヒーを飲む人が多いのはこうした理由による。しかも、カフェインはアルコールなどと違って人体への悪影響が少ないといわれている。

最近では、むしろコーヒーを飲むことは健康に良いという研究結果が出てきている。たとえば、2007年の夏に厚生労働省の研究班が発表したところによれば、コーヒーを1日3杯以上飲む女性は、大腸がんになるリスクが、全く飲まない女性に比べて半分程度にとどまるということだ。ただし、これは女性だけに当てはまることらしい。
過去の歴史を振り返ってみても、コーヒーにハマる人はたくさんいた。たとえば、作曲家のヨハン・セバスチャン・バッハなどは熱烈なコーヒー崇拝者として知られている。バッハは、あまりにコーヒーが好きだったので、自分の作品のなかで「コーヒー・カンタータ」(1734〜1735年)をつくってしまったほどだ。この曲のなかで、コーヒーにハマッたリースフェンという娘は「コーヒーってなんておいしいんでしょう」と高らかに歌う。
良雄さんがコーヒーを味わいながら静かに瞑想していると、佳子さんが声をかけてきた。
佳子「ねえ、あなた」
良雄「なんだよ、いきなり。コーヒーを飲んで心身ともにリラックスしていたところなのに」
佳子「最近コーヒーの値段が上がっているの知ってる?」
良雄「えっ!　コーヒーの値段が上がっているのかい?」
良雄「天候不順でコーヒー豆の収穫が少なかったからかな?」
佳子「それもあるみたいだけど、世界的にコーヒーを飲む人が増えて、コーヒー豆の生産が需要の増加に追いつかなくなっているみたいよ」
良雄「本当にそうした理由でコーヒーの値段が上がっているのなら、コーヒーの値段はこれからも上がり続けるだろうな」

佳子「とくに、最近では中国人がコーヒーを飲むようになったと聞くわ。13億人がお茶からコーヒーにシフトしたら、コーヒーの世界的な需要はそれだけで急拡大してしまうわよね」

そこで以下では、良雄さんと佳子さんの会話に上ってきた中国のコーヒー事情についてみていくことにしよう。

もし13億人がコーヒーを飲みはじめたら

私たち日本人の頭のなかには、中国人といえば、いつもウーロン茶やジャスミン茶を飲んでいるイメージがある。

しかし、近年では沿岸都市部の若者を中心にコカ・コーラやコーヒーといった西洋の飲料を好む人も増えてきている。

とくに目立つのが、コーヒー党の増加だ。

たとえば、中国のコーヒー生豆の消費量をみると、90年代後半から顕著に増加するようになり、2005年は前年比8・0％増の5万4000トンに達した。2000年（3万3000トン）と比べると、わずか5年間で1・6倍に膨らんだ計算だ。

経済発展が著しい中国では、人々の生活水準が向上し、都市部を中心に西洋風の食生活が浸透しつつある。このため、西洋風の食事のメニューに合わせてコーヒーを楽しむ人が増加していると考えられる。

また中国では1978年に対外開放路線に転じて以来、多くの人が海外に留学するようになったが、現在では、中国経済が好調なこともあって、欧米に留学した中国人の帰国ラッシュとなっている。

留学経験のある国際派ビジネスマンは、朝食などと一緒にコーヒーを飲む生活習慣が身についており、帰国してからも日常的にコーヒーを飲み続けている。

コーヒー愛好者が増加するなかで、外資系コーヒー・メーカーやコーヒー・ショップの中国進出も増えてきた。

中国では、1980年代にスイスのネスレがインスタント・コーヒーの販売を開始して以来、外資の進出が加速するようになった。インスタント・コーヒーの一番人気はいまだにネスレで、多くの中国人はインスタント・コーヒーの代名詞として「ネスレ」とか「ネッスル」という言葉を使う。

1999年から合弁方式で中国市場への進出を開始した米コーヒー・チェーン大手のスターバックスは、現在、中国本土で540店を超える店舗を構える。2007年7月には、北京の世界遺産、故宮（紫禁城）内で営業をしていたチェーン店が、中国の伝統文化を損なうとして撤退する憂き目をみたが、中国全土でみれば、上海を中心に店舗数が急増している。

同社は最近、米ペプシコと提携して、中国での事業を拡大すると発表した。ペプシコが持つ中国本土の流通網を使って、スーパーやコンビニエンスストアなどで、スターバックスのインスタント・コーヒーを販売していく計画だ。

英国コーヒー・チェーン最大手のコスタ・コーヒーも中国市場への本格的な進出を開始した。同社は、今後5年間で中国本土の店舗数を300店にまで増やす計画を打ち出している。

コーヒーを飲む人が多い上海市には、毎年多くのコーヒー・ショップがオープンしており、現在は2000軒あまりのコーヒー・ショップが立ち並んでいる。

コーヒー消費量は増加傾向にあるが、それでも、国民1人あたりのコーヒー消費量はまだ低水準にとどまる。国民1人あたりのコーヒー生豆の消費量は、年間0・03キログラム程度。コーヒー1杯につき生豆10グラムを使うとすれば、1年間に3杯飲むか飲まないかといったレベルだ。1人あたりのコーヒー生豆消費量が3・28キログラムに達している日本と比較すると中国の消費量は100分の1以下にとどまる。

都市部の上海市などでは年間消費量が0・7キログラム程度に達しているが、農村部では価格の安い伝統的なお茶を好む傾向が根強いと聞いている。農村部では、コーヒーという飲み物

図表 1-1　中国のコーヒー生豆消費量の推移

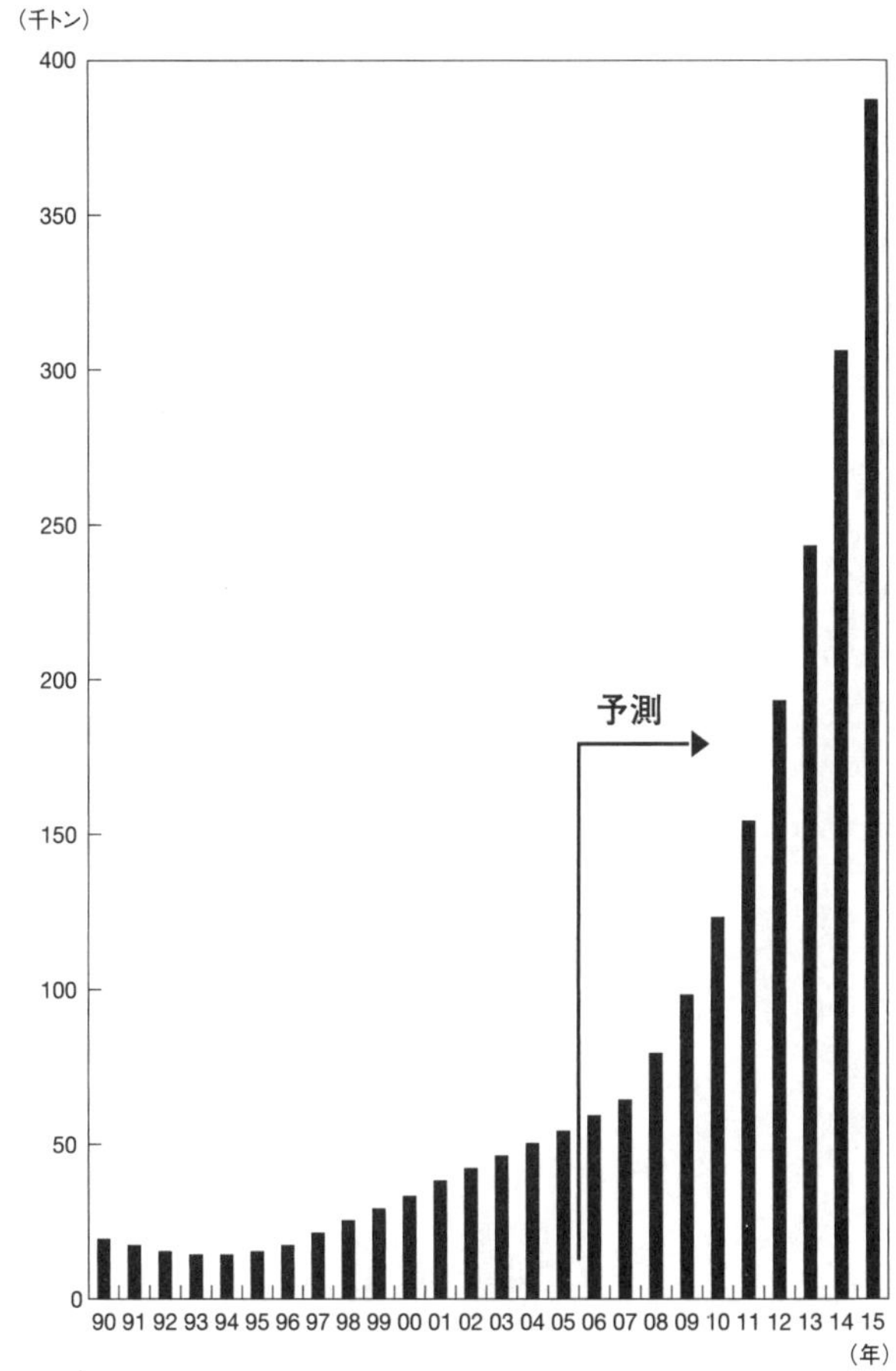

（出所）FAO資料、中国国家統計局資料より作成
（注）予測はBRICs経済研究所

があること自体知らない人が多いようだ。

今後の都市化の進展や所得水準の上昇を勘案すると、マーケットの拡大余地は非常に大きいといえるだろう。

では、中国のコーヒー市場は今後どの程度まで拡大するのか。1人あたり所得の上昇や都市化の進展などを考慮して、中国の国民1人あたりのコーヒー生豆消費量の将来予測を行ってみると、現在の0・03キログラムから、2010年には0・09キログラム、2015年には0・28キログラムまで拡大する見通しだ。1人あたりの消費量に将来の人口を掛けて中国全体のコーヒー生豆消費量を算出すると、2005年の5万4000トンから、2010年には12万2738トン、2015年にはなんと38万7462トンまで膨れ上がる（図表1－1）。

需要の拡大に伴って、中国国内でのコーヒー生豆の生産量も急増している。中国のコーヒー生豆の大半は雲南省と海南省で生産されている。

ただし、中国産のコーヒー豆は商品としての評価がそれほど高くなく、味にこだわりをもつ国民はブラジルなどから輸入されたコーヒー生豆を好む傾向がある。このため、中国のコーヒー産業は生産量の7割近くを周辺アジア諸国への輸出に回している。

中国国内におけるコーヒー豆の生産量が過去3年間の平均的な伸びにとどまると仮定すれば、海外からのコーヒー生豆の輸入量は将来大幅に増加することになるだろう。

シミュレーションの結果によれば、中国のコーヒー生豆の輸入数量は2005年の2万5980トン（輸入依存度は48・1％）から、2010年には7万7730トン（同57・6％）、2015年には24万7650トン（同63・9％）にまで到達する。

中国が海外からコーヒー生豆を調達する動きが強まると、主要な調達先であるブラジルのコーヒー産業にとっては、またとないビジネスチャンスとなる。もっとも、最近ではブラジルにおいても、中産階級の台頭などによってコーヒーの需要量が大幅に増えており、輸出余力は小さくなってきている。

こうした状況を踏まえると、コーヒー生豆の国際取引価格には、BRICs要因で中長期的に上昇圧力がかかる公算が大きいといえるだろう。

個人レベルでも食べ物の取り合いは醜い争いになるものだが、これからは国家レベルでの食べ物の奪い合いが激化しそうである。

輸出用高級豆の国内消費が増えているブラジル

世界最大のコーヒー豆の産地がブラジルである。18世紀に、ブラジルの高原地帯の気候が、「アラビカ種」の栽培に適していることが判明した。それ以来、ブラジルのあちこちに大規模な「アラビカ種」のコーヒー農園がつくられるようになった。

コーヒー豆には、「アラビカ」、「ロブスタ」、「リベリカ」という3つの原種があるが、そのなかで最も品質が良いとされるのが、「アラビカ種」なのだ。現在、世界のコーヒー豆生産の約7割が「アラビカ種」で占められている。

ところで、これはよく知られたことだが、ブラジルのコーヒー農園を支えてきたのは日本移民だ。コーヒー農園の労働力不足が深刻化していたブラジルの要請にこたえるかたちで、1908年から移民が開始された。

現在、ブラジルには1世から6世まで合わせて約140万人の日系人がおり、彼らの多くがコーヒー農園で働いている。

ブラジルは、国内で栽培したコーヒー豆を輸出に振り向けて外貨獲得の重要な手段としてきた。もちろん、ブラジル人も水がわりにコーヒーを飲むほど、コーヒーを愛好しており、ブラジルは世界第2位のコーヒー消費大国となっている。

ただ、人々の所得水準がそれほど高くなかったという事情もあって、これまでは品質の高いコーヒー豆は海外に輸出して、それほど品質のよくないコーヒー豆は国内で消費するというパターンになっていた。

しかし、最近では、ブラジル国内で欧米並みの消費生活を送ることができる富裕層・ニューリッチ層が台頭してきたことから、品質のよいコーヒー豆に対する需要が高まってきている。

現在、サンパウロなどの大都市部は、カフェブームになっており、カフェでは「アラビカ種」を使ったおいしいコーヒーが人気を呼んでいる。また、ブラジルのカフェが日本に進出する動きもある。2006年5月末にはブラジルのカフェ「カフェ・ド・セントロ」が東京・日比谷の帝劇地下2階にオープンした。このカフェを経営しているのは、ブラジルのコーヒーメーカー「ブランコ・ペレス」だ。

インドの紅茶輸出は伸び悩み

世界的にコーヒー党が増える一方、緑茶や紅茶の人気は少し低迷している。紅茶の人気がなくなって困るのは、紅茶の生産大国・インドであろう。

紅茶の主要産地として有名なインドは、英国からの独立以来、世界最大の紅茶生産量を誇ってきた。

独立してからこれまでの期間、耕地面積は40%程度しか増加していないが、生産量は3・5倍にも膨らんでいる。

世界各国の茶の生産量を比較すると、2005年は第1位が中国（90・0万トン）、第2位がインド（65・3万トン）となっている。もっとも、中国で生産される茶葉のほとんどは緑茶だから、実質的な紅茶の生産量第1位はインドといえるだろう。日本では、お茶といえば緑茶のことを指すが、世界的には緑茶はマイナーな存在で、欧米では紅茶が圧倒的な人気を誇る。紅茶に限ってみれば、インドの世界シェアは5割近くにも達する。スリランカも紅茶の有力産地として有名であるが、その生産量（30・8万トン）はインドの半分にも満たない。

紅茶の主要産地は北インドに集中しており、北インドの生産量は南インドの3倍以上となっている。ダージリン、ニルギリ、アッサム、ドアーズなど地域ごとに様々な銘柄が栽培されている。

ダージリンは、ダージリン高原で栽培される紅茶で、高貴な香りと繊細な渋みが特徴である。ウヴァ（スリランカ）、キーマン（中国）と並ぶ世界3大銘茶のひとつだ。

ニルギリは、南インド、タミールナド州のなだらかな丘陵部であるニルギリ高原で栽培され、口あたりのよいさわやかな味が特徴となっている。

アッサムは、北インドの平原で栽培され、コクが深く、ミルクティーに適している。

ドアーズは、西ベンガル州で栽培され、コクとさわやかさとを合わせもっている。

各種の銘柄のうち、現在最も生産量が多いのはアッサムだ。

英国向けを中心とした紅茶の輸出は重要な外貨獲得手段になっており、インドは紅茶輸出によって毎年平均185億ルピーもの外貨を獲得している。インド国内では110万人以上の労働者が直接紅茶栽培に携わっているが、そのほか卸売業者や紅茶ハウスなどで働く者は100

図表 1-2 インドのコーヒー生豆消費量

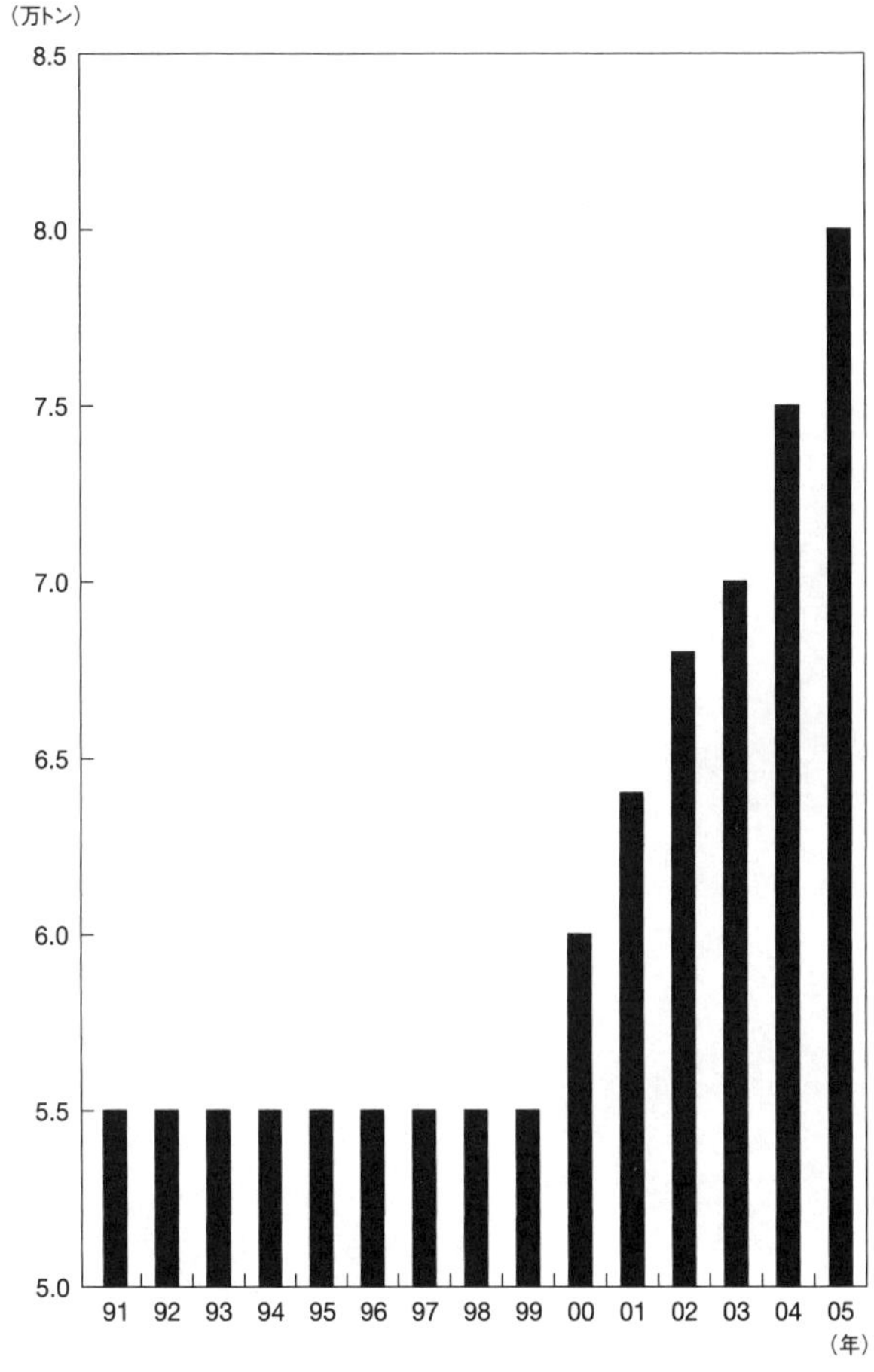

(出所)インド政府資料より作成

0万人に及ぶ。紅茶関連産業は非常に大きな雇用吸収力を持っているといえるだろう。ちなみに、紅茶産業で働く労働者の半分は女性である。

そもそも、なぜインドで紅茶栽培が盛んになったのか。茶はもともと中国で生まれた飲料である。それがやがて日本に伝わり、またオランダの貿易商人を経由して西欧にも広まっていく。1657年には英国にも輸入されるようになった。英国に最初に輸入されたのは緑茶だが、やがて完全発酵の紅茶が好まれるようになる。

紅茶は英国貴族の間で非常な人気を博し、需要が急拡大していった。当初、英国は中国から紅茶を輸入していたが、1830年代に、植民地であったインドのアッサム地方で自生の茶樹が発見されると、東インド会社を通じてインドで紅茶を栽培するようになった。そうした歴史の経緯があって、インドで紅茶文化が花開いた。

かつて、インドでは飲料といえば紅茶というほど、紅茶を飲むことが習慣となっていた。紅茶はインド国内では「チャイ」と呼ばれている。

しかし、最近では西欧文化流入の影響もあって、紅茶以外の飲料に対する需要も増えてきており、紅茶の国内需要はそれほど拡大していない。とくに都市部の中産階級の間では、コーヒー党が急激に増加するようになった（図表1－2）。

インドでもコーヒー豆の栽培は行われているが、その量はそれほど多くない。かつてインド

図表 1-3 世界のコーヒー生産量ランキング(2006年)

順位	国名	生産量(袋)
1	ブラジル	42,512,000
2	ベトナム	15,000,000
3	コロンビア	12,200,000
4	インドネシア	7,500,000
5	エチオピア	5,000,000
6	インド	4,750,000
7	メキシコ	4,200,000
8	グアテマラ	3,817,000
9	ペルー	3,500,000
10	ホンジュラス	2,960,000

(注)1袋＝60kg
(出所)国際コーヒー機構資料より作成

人はインド産のコーヒー豆を使ったコーヒーを飲んでいたが、コーヒー党の増加に伴い国内の生産だけでは間に合わなくなってきた。このため、80年代まではゼロであったコーヒー豆の輸入が、90年代に入って徐々に拡大、2005年の輸入量は3万6880トンと前年（1万6660トン）に比べて2・2倍の規模に膨らんだ。

飲料の多様化は、世界的な流れになっていることから、紅茶の輸出も伸び悩み気味で、紅茶産業の業況は次第に厳しくなってきている。

世界第1位のコショウ生産国もコーヒー栽培へ

コーヒーの有力産地といえば、すぐにブラジルやコロンビアといった南米諸国が思い浮かぶ。しかし、一般にはあまり知られてはいないが、日本と地理的に近いアジア諸国のなかにブラジルに次ぐ世界第2位のコーヒー生産国・輸出国がある。それがベトナムだ（図表1－3）。

ベトナムでは、フランスの植民地であった時代に、コーヒーのつくり方が伝わったといわれる。そして、1986年に政府がドイモイ（刷新）政策を導入してからコーヒー生産が急拡大するようになった。ベトナム政府がコーヒーの輸出を外貨獲得の重要手段と位置づけて、農家にコーヒー生豆の栽培を推奨したのである。

当初は、コーヒー生豆に関する正確な情報が少なかったため、すぐに生産過剰になってしま

図表 1-4 ベトナムのコーヒー生産量の推移

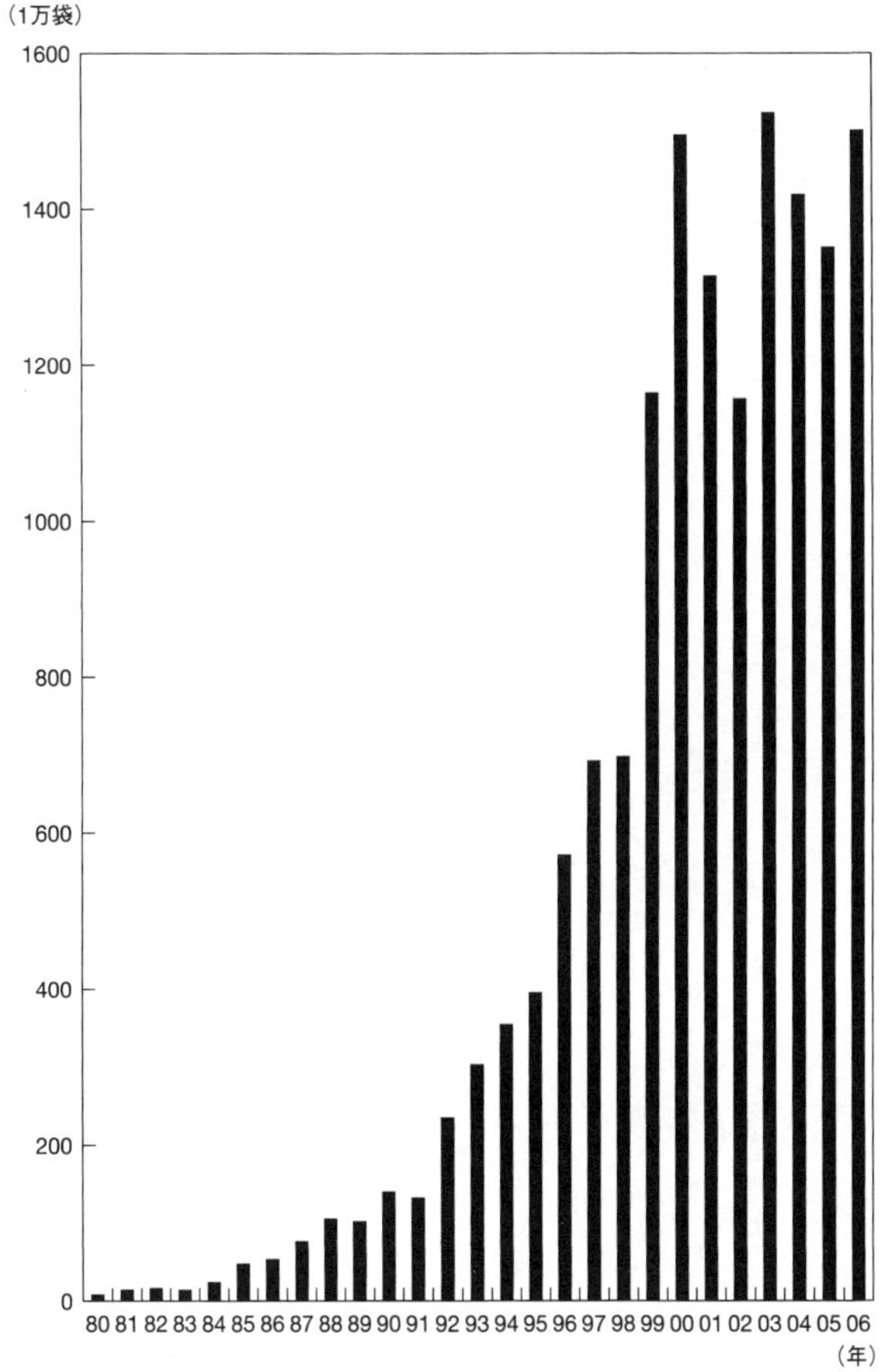

(注) 1袋=60Kg
(出所) 国際コーヒー機構資料より作成

ったが、次第に価格情報が提供されるようになり、価格動向に合わせて生産調整をすることができるようになった。

コーヒー豆の収穫は天候要因によって大きく左右されるため、ベトナムのコーヒー豆生産量もジグザグした動きになっているが、中長期的な視点でみればコーヒー豆生産が大幅に拡大している様子がわかる（図表1－4）。

また、近年ではベトナム人の間でも、購買力のある中産階級を中心に、朝食や仕事の合間にコーヒーを飲む習慣が浸透しつつある。街のあちこちには、小さなカフェがあって、いつも多くの人でにぎわっている。

ベトナムのコーヒー豆には、苦みが強くて酸味が少ないという特徴がある。ベトナムのコーヒーの飲み方は独特で、コンデンスミルクなどを入れて、甘いミルクコーヒーにする。そのうえに、バニラやアーモンドを加えることも多い。

甘いミルクコーヒーをおしゃべりしながら、ゆっくりと時間をかけて飲むのだ。ホーチミンやハノイといった大都市に住む中産階級のなかには毎朝必ずコーヒーをカフェで飲まなければ、1日が始まった気がしないという人もいる。現在、ベトナムで栽培されるコーヒー豆の約3％が国内の消費に回されている。

最近では、コーヒー生豆の国際価格が高騰しているため、コーヒー豆栽培に力を入れる農家が多くなってきた。貧困から脱出するために、わざわざコーヒー農園に移住してくる人も少なくない。

ベトナムでは、コーヒー豆のほかにコショウを栽培する農家も多い。コーヒー豆とコショウは栽培環境が似ているので、かつてはコーヒー豆からコショウに転作する農家も多かった。ベトナムは世界第1位のコショウ生産大国で、全世界のコショウの3割がベトナムで作られている。

しかし、最近では、コーヒー生豆の国際価格が高騰していることを受けて、コショウ農家がコーヒー農家へと転作するケースが目立つようになってきた。

このため、今度はコショウの国際的な需要と供給が逼迫しており、それを受けてコショウの国際価格も急騰するようになっている。

あらためて注目されるトルココーヒー

世界的にコーヒー人気が高まるなか、ベトナムコーヒーと並んで、コーヒー党の注目を浴びているのが、トルココーヒーである。

トルココーヒーの歴史は古く、1554年にはイスタンブールに最初のコーヒーショップがオープンした。当初は宮殿に住む上流社会の人たちの飲み物であったが、16世紀末までには、庶民の間でもコーヒーを飲む習慣が浸透した。

トルコには、街のあちこちにコーヒーショップが立ち並んでいる。コーヒーショップは多くのトルコ人や観光客でにぎわっており、長い時間をかけておしゃべりをしながらコーヒーを楽しむ。最近では、チャイを飲む人よりもコーヒーを飲む人のほうが多くなっているぐらいだ。

トルココーヒーは、独特の製法で知られている。「ジェズベ」と呼ばれるもち手のついた小鍋に水とコーヒー豆の粉と砂糖を一緒に入れてそれを煮立てる。そして、その上澄みをカップに注ぐというものだ。この方法でつくったコーヒーは、苦くて濃いという特徴がある。舌にちょっとざらついた感じも残る。

トルココーヒーは、非常に濃いコーヒーなので、眠気覚ましにはちょうどよいかもしれない。実際、トルコ人は眠気覚ましやお酒を飲んだ後の酔い覚ましとして、コーヒーを飲む人も多い。イスラム教徒が多いトルコでは、祈りのために一晩中起きている人もいるので、そうした人にとって眠気覚ましのための一杯のコーヒーは貴重だ。

こうしたトルコで花開いたコーヒー文化が17世紀に入って、イタリアのベネチアやフランスのマルセイユなど欧州各国に伝わっていったのである。欧州では、当初はトルココーヒーを飲んでいたが、その後、独自にトルココーヒーの改良が行われ、コーヒー豆の粉の上からお湯を注いでフィルターで濾《こ》す方法、いわゆるドリップコーヒーなるものが考案された。

かつてのオスマントルコ帝国の時代には、トルコ国内でコーヒー生豆の栽培が盛んに行われていた。欧州などに輸出する際には、コーヒー生豆の栽培ができないように、わざわざ一度火を通してからコーヒー豆を輸出していたほどだ。しかし、現在では、トルコでコーヒー生豆の栽培は行われておらず、国内で消費するコーヒー生豆のほとんどを海外からの輸入に頼っている。

トルココーヒーは、欧州で開発されたドリップコーヒーの普及によって一度は廃れていったが、様々なコーヒーの飲み方への関心が高まるなかで、その独特の飲み方が見直されて、現在世界各国で注目されているというわけだ。

貧困対策と渡り鳥保護に貢献するコーヒー

読者のみなさんは、「バードフレンドリーコーヒー」をご存じだろうか。その名の通り、「渡り鳥」に優しいコーヒーのことだ。

なぜ、「渡り鳥」に優しいかといえば、「バードフレンドリーコーヒー」を作っているコーヒー農家が、「渡り鳥」が飛来できるほど背の高いコーヒーの原生木を用意しているからだ。

通常のコーヒー農園は、森林を伐採して開墾した後、一面に背の低いコーヒーの木を植えてしまう。これだと、森林がコーヒー農園として開発されていく過程で、「渡り鳥」が飛来できる場所がどんどん消失していってしまう。「渡り鳥」は背の高い木にしか止まることができないからだ。

そこで、博物館で有名なスミソニアン協会は、12メートル以上の背の高い木が農園全体の4割を覆っており、なおかつ有機農法で栽培されるコーヒーを「バードフレンドリーコーヒー」と認証する制度を導入することにした。スローガンは、「一杯のコーヒーから野鳥保護を」だ。「バードフレンドリーコーヒー」に認証されると、環境保護に貢献しているとみなされ、農家はコーヒー豆を通常の市場価格に比べて高く買い取ってもらうことができる。

この仕組みをはじめて提唱したのが、スミソニアン協会の「スミソニアン渡り鳥センター」に所属するロバート・ライスさんだ。同氏は鳥類学者でもある。

かつてフィールドワークをしていたライスさんは、南米と北米を行き来する「渡り鳥」が減少傾向にあるのはなぜだろうかと考えて、その原因が大規模なコーヒー農園の開発にあることを突き止めた。コーヒー農園を開発する際に、「渡り鳥」の止まり木となる背の高い木がなくなってしまうため、「渡り鳥」の数が減っているのだ。「コーヒー農園のなかに、背の高い木を混ぜてやれば、また渡り鳥がやってくるようになるに違いない」。ライスさんはそのように考えた。

一方、コーヒーを栽培する農家は、常にコーヒー豆の価格動向を気にしている。収穫が多すぎてコーヒー豆の国際相場が下落すれば、経営が行き詰まってしまうからだ。現在はコーヒー豆の価格が高騰しているので問題ないが、かつては価格が大幅に下落している時期もあった。コーヒー豆の価格下落により経営環境が厳しくなれば、当然、品質も落ちてくるから、世界のコーヒー愛好家にもマイナスの影響が及んでくることになるだろう。

しかし、スミソニアン協会から「バードフレンドリーコーヒー」に認証されて、常に高い値段でコーヒー豆を買い取ってもらえるのなら、経営や生活の心配をする必要はなくなる。

貧困対策になると同時に、「渡り鳥」も保護することができるという、まさに一石二鳥のコーヒーが「バードフレンドリーコーヒー」なのだ。

現在は、コロンビアやグアテマラといった南米諸国を中心に7カ国、32農園で「バードフレンドリーコーヒー」が認証されている。「バードフレンドリーコーヒー」は今後、アジアやアフリカなどにも広がっていくとみられる。

日本では、2005年に住友商事がスミソニアン協会から「バードフレンドリーコーヒー」の専売輸入権を獲得した。コーヒー豆には「BIRD FRIENDLY」のロゴがついている。

普通のコーヒー豆に比べると値段は高くなるが、環境保護と貧困対策に貢献していることが実感できるコーヒーなので、是非一度飲んでみてはいかがだろう。

コーヒー発祥の地で起きているコーヒー離れ

読者のみなさんは、コーヒーがどこで生まれたかご存じだろうか。コーヒーの発祥の地は、13世紀のイエメンといわれている。イエメンで生まれたコーヒーがトルコなどのイスラム諸国に広がっていったのだ。

イエメンはアラビア半島の南端に位置する。近年の原油高ブームに乗れず、中東のなかでは最も貧しい。国民1人あたりの年間所得はわずか600ドル程度だ。

イエメンでは、現在でもコーヒー栽培が盛んで、コーヒー豆の輸出が外貨獲得の重要な手段となっている。有名なのは高地で栽培される高品質・高価格の「モカコーヒー」だ。「モカ」は、イエメンの南西岸にある港町の名前にちなんでつけられた。

ただ、最近では、エチオピア産のコーヒーとの価格競争が激しくなっており、その結果、コーヒー農園から「カート」の農園に転作する農家が増えているという。「カート」とは、イエメンで生育する覚醒作用のある薬草のこと。イエメンの国民の5割がこの薬草を愛用している。イエメン国内では、コーヒーよりもカートの需要のほうが多い。

第2章 寿司ブーム、BRICsに上陸

トロを食べるなら今のうち

ある秋の日の夕方、良雄さんと佳子さんは、久しぶりに外で待ち合わせをして、夫婦そろって都内の寿司屋で食事をとることにした。

本当は高級寿司屋に行きたかったのだが、悲しいかな、家計が火の車なので、比較的値段の安い回転寿司チェーンの店に入った。お茶を飲みながら、良雄さんが佳子さんに話し始めた。

良雄「やっぱり、寿司はいいよなあ。健康にもいいし。寿司屋に入るとなんだか気持ちが落ち着くよ。さて、どの皿からとろうか?」

佳子「私は、脂ののった大トロが食べたいなあ」

佳子さんは、にっこり笑いながら、流れてきた大トロの皿をひょいと取った。

良雄「えっ! 何なんだよ。いきなり、大トロを食べるの? 大トロは金皿だよ」

佳子さんが、いきなり値段の高い大トロを食べ始めたので、良雄は少し動揺した。

佳子「いいじゃない、たまには。次は、中トロを食べちゃおうっと」

良雄「おいおい。僕は、玉子からでいいや」

佳子「実は、今日、隣の奥さんからマグロの値段がこれから上がってくると聞いたので、今のうちにたくさん食べておこうと思って」

良雄「えっ！　マグロの値段も上がるのかい？　もう、なんでもかんでも値段が上がってきているじゃないか」

佳子「健康ブームで、日本人だけでなく、世界中の人がマグロを食べるようになってきたそうよ。その一方で、マグロの数は減少しているんだって。だから、マグロの値段が上がってくるのよ。将来、トロが食べられなくなる日がくるかもしれないんですって」

良雄「本当かい？　じゃあ、僕もマグロの値段が上がる前に中トロと大トロをよく味わっておくことにしようかな」

良雄さんと佳子さんは、大トロと中トロをたくさん食べて、満足気に寿司屋を後にした。でも、良雄さんの財布の中身は空っぽになっていた。良雄さんは、心のなかで「明日からまた節約しよう」と決めたのであった。

良雄さんと佳子さんの寿司屋での会話を踏まえ、第2章では、世界の人がどれだけ魚を食べるようになってきたのか、そして魚の数はどのようになっているのかを詳しくみていきたい。

アメリカ・ヨーロッパの寿司事情

最初に、欧米の寿司ブームからみていくことにしよう。

欧米の人たちは生魚に馴染みがないので、一昔前まで、日本の寿司は不人気料理となっていた。「日本人が食べているお寿司はなんとなく気持ち悪い」といったイメージが強かったのである。

ところが最近では、健康志向が強まるなかで、欧米でも健康に良いといわれる寿司が大人気メニューのひとつに躍進している。

先進国のなかで、いち早く日本の寿司が紹介されたのは米国である。米国では、少しずつ日本の寿司が浸透していった。

最初は、米国でビジネスを展開する在米日本人を相手に寿司屋がオープンした。その後、1980年代後半のバブル期になると、超高級料理のひとつとして、ニューヨークのビジネスマンの会食などで日本の寿司がお目見えするようになった。

この頃までの米国の寿司は、どちらかというと、日本の伝統的な寿司の味を再現することに主眼が置かれていた。

その後、米国人の味覚に合うよう調味料に工夫がなされ、醬油だけでなくサルサ・ソースなどが使われるようになった。さらに食材にも試行錯誤が繰り返されて、2000年代には米国人向けのオリジナル寿司が定着するようになった。

現在、米国で「SUSHI」と呼ばれる料理は、日本の江戸前寿司とは似て非なるもので、米国人の好みに合わせた独特の創作料理となっている。

「SUSHI」の代表選手は、なんといっても、ロサンゼルスで誕生した「カリフォルニア・ロール」であろう。これは、アボカドときゅうり、カニかまを巻いたものだ。基本的に生魚を使っていないので、米国人でも抵抗感なく食べることができる。そのほか、ケーキやゼリー、チョコレートなどを使った「デザートSUSHI」と呼ばれるものもある。これは、きっと日本人の味覚には合わないと思うのだが……。

現在では、大人から子どもまで米国人の多くが「SUSHI」を知っており、スーパーなどで持ち帰り用の寿司が堂々と売られているぐらいだ。家庭で主婦が「SUSHI」をつくる機会も多くなっている。

米国人の舌に合わせてアレンジした料理を提供する寿司屋――このような寿司屋が多い米国は、日本の農林水産省が導入しようとしている「和食レストラン」の認証制度に対して強く反対している。もし、この認証制度が導入されれば、オリジナル寿司を提供している店は正統派の日本食レストランとはみなされず、日本食の看板を出すことができなくなるためだ。

一方、欧州では、最近になって寿司ブームに火がついた。BSE（牛海綿状脳症）問題をきっかけに、欧州で魚食文化が広がったといわれる。寿司だけでなくツナ缶などの需要も急増している。

欧州の場合、日本の寿司を極端にアレンジするということはあまりなく、メニューは日本の寿司にかなり近いものになっている。

日本人が調理をする本格的な寿司屋もたくさんオープンするようになった。もちろん持ち帰り用の寿司の需要も増えている。

欧州にも回転寿司がたくさんあるが、多くは予約制になっていて、お金持ちの人たちがお酒を飲みながら、ゆっくり寿司をつまむといったケースが多い。

BRICs富裕層のヘルシー志向

欧米だけではない。成長が著しい有力新興国においても、寿司を中心に空前の日本食ブームが起こっている。

たとえば、BRICs（ブラジル、ロシア、インド、中国）。現在、BRICsでは、食生活の高度化が進んでいる。経済発展の恩恵を受けて国民の生活水準が向上しており、それに伴って肉類や乳製品、穀物などの需要が高まっているのだ。

近年では、魚介類の消費も増えてくるようになった。BRICsのなかでもとくに魚介類の消費が急増しているのが中国で、1992年から2005年までの間に魚類の消費量は2・2倍に拡大した。インドでも1・4倍に拡大している。BRICs全体でみると、同期間中に魚介類消費量は1・9倍に膨らんでいる（図表2－1）。

図表 2-1　BRICsにおける魚介類消費量の推移

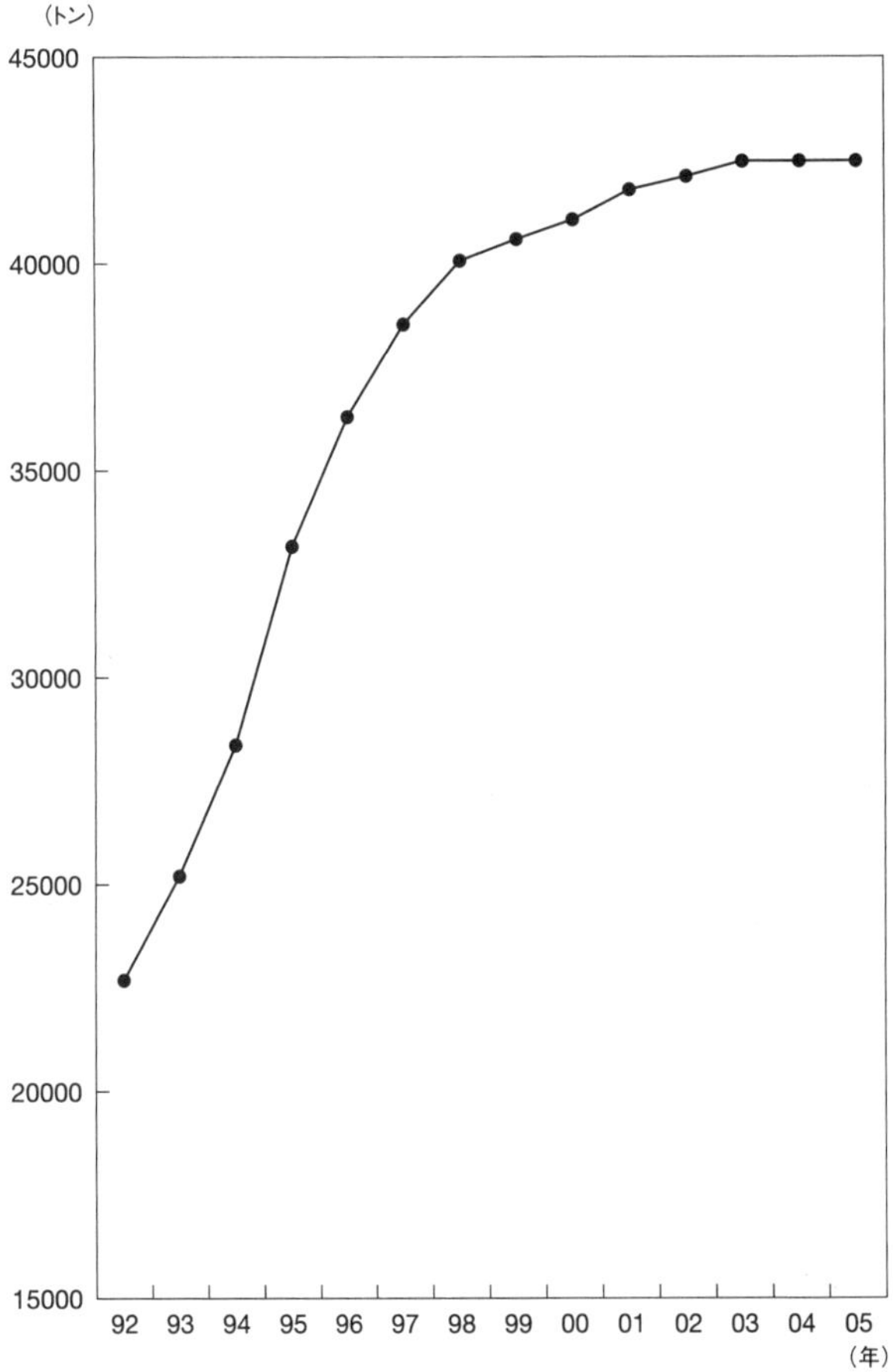

（注）淡水魚、海水魚、底魚、浮魚、甲殻類、頭足動物、その他の軟体動物の合計
（出所）FAO資料より作成

ＢＲＩＣｓで魚介類の消費量が拡大している背景には、所得水準の向上に加えて、寿司、刺身、天ぷら、懐石料理を中心とした日本料理がブームになっていることもある。現在、世界的に日本食の人気が高まりつつあるが、ＢＲＩＣｓにおいても、富裕層やニューリッチ層を中心に同様の傾向が見られる。

ＢＲＩＣｓでも、富裕層やニューリッチ層の間で国民の健康志向が強まっており、カロリーが高く肥満になりやすい洋食よりも、寿司、刺身などヘルシーな和食への関心が強まっているのだ。

ＢＲＩＣｓ４カ国のなかでも、とくに日本食人気が高いのが中国とロシアだ。

たとえば、中国では、上海や北京、広州などの沿岸都市部を中心に日本食がブームになっている。中華料理が主流の中国では、もともと国民の間に生の魚を食べる習慣はなかった。しかし、近年では各地で日本料理店のオープンが相次ぐなか、富裕層・ニューリッチ層を中心に寿司や刺身などのメニューが人気を集めている。

本格的な寿司を味わってみたいと考える中国人は増えているが、中国国内では新鮮な魚の入手が難しく、また物流も発達していないので、現在は空輸などで日本から寿司用の新鮮な食材が輸入されている。たとえば、日本の財務省の統計によると、２００５年に日本から輸出されたクロマグロ（生鮮・冷凍のもの）の89・2％は中国向けだ。

図表 2-2 日本食レストランの数

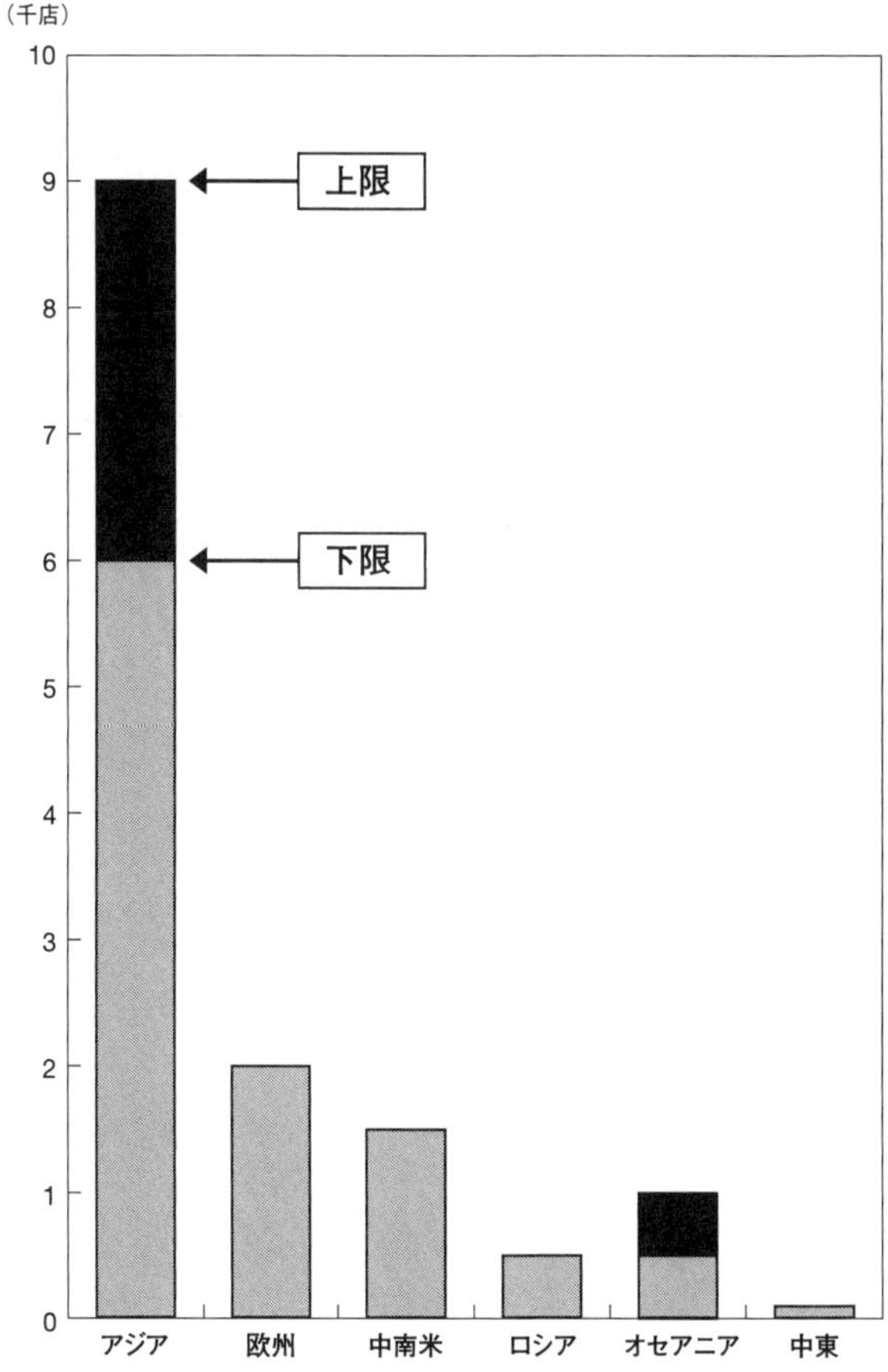

（出所）農林水産省資料より作成

日本から食材を輸入すると、その分寿司の値段も高くなるが、高価でも品質のよい寿司を食べたいと考える人は相当な数に上る。

一方、ロシアでは、首都モスクワなどの大都市部において、寿司屋をはじめたくさんの日本食レストランが立ち並ぶようになった。日本の農林水産省の推計によると、ロシアにおける日本食レストランの数は現在約500店に上る（図表2-2）。

それまでは、ロシアの庶民にとって日本食は値段が高く、一部の富裕層・ニューリッチ層しか楽しむことができないメニューであった。しかし各レストランが経営努力によって品質を落とすことなく、中産階級が日本食を楽しめるぐらいの水準まで値段を下げてきたため、これが需要層の裾野の拡大につながっている。

日本食に対する需要の拡大を受けて、調味料メーカーなどもロシア市場の開拓に力を入れている。たとえば、キッコーマンは、ロシアや東欧における醤油販売を強化する方針だ。ロシアでは、調味料としての醤油の認知度がまだ低いため、今後日本食ブームの広がりとともに醤油の市場も急拡大していく可能性が高いといえる。また、日本食に合わせてロシア向けに、日本酒を輸出する動きも出てきている。

南米の大国ブラジルでも、日本食の人気が高まっている。ブラジルには日系移民が多いこともあって、昔から一定数の日本食レストランが存在していた。ブラジルの代表的なカクテルは

図表 2-3　BRICsにおける魚介類消費量の将来予測

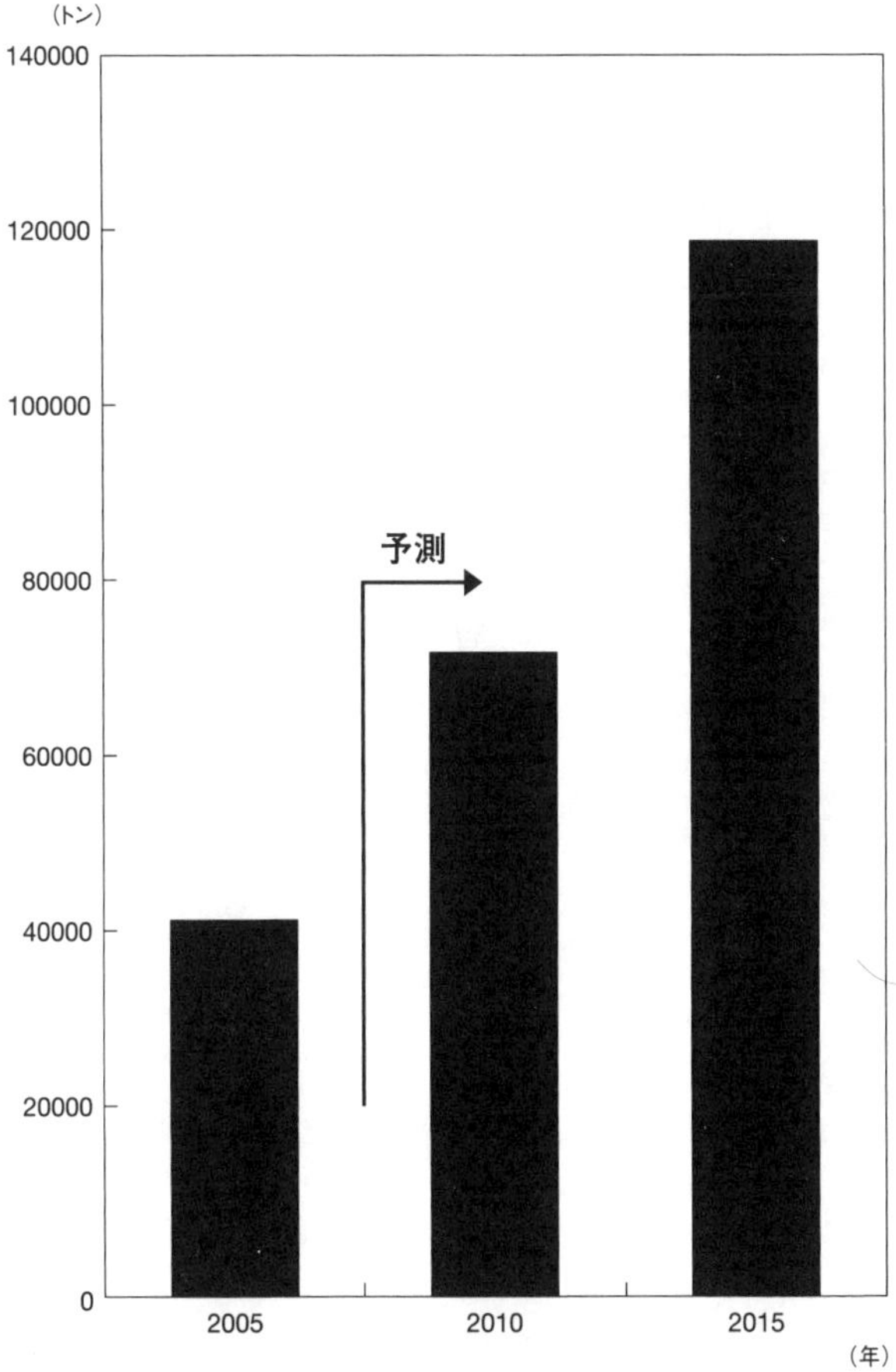

(注) 各国の1人あたりGDP、人口動態をもとに魚介類消費量の将来予測を行った
(出所) FAO資料、各国統計をもとに作成

「カイピリーニャ」だが、日本食ブームの流れのなか、サンパウロなどでは、日本酒を使った新しいカクテル「サケリーニャ」も登場するようになった。現在、中南米全体では約1500店の日本食レストランがある。

インドはどうか。ヒンドゥー教徒は牛を神聖視して牛肉を食べないし、イスラム教徒は豚肉を忌み嫌うなど、インドには食に関する様々なタブーがある。そうしたインドでも、すべての宗教の人が食べられるヘルシーな料理として魚を中心とした日本料理が注目を集めている。ニューデリーやムンバイなどでは、寿司が大好物で月に一度は必ず日本食レストランで寿司を食べるといった中産階級のインド人も少なくない。

成長著しいBRICsでは、今後も富裕層・ニューリッチ層が増えていくと予想される。健康志向や味へのこだわりをもった富裕層・ニューリッチ層が増えていけば、BRICsにおける魚の消費量は近い将来、大幅に拡大する可能性もある。

1人あたりGDP（国内総生産）の上昇や人口の増加といった要因を加味して、将来、BRICs全体の魚介類の消費量がどのぐらい増えていくかをシミュレーションすると、2005年の4万2475トンから2010年には7万1149トン、2015年には11万8315トンへと拡大する見込みだ（図表2－3）。

水産資源の囲い込みが始まった

約27億人という巨大な人口を抱えるＢＲＩＣｓで、魚介類が本格的に消費されるようになると、世界的に魚不足の問題が深刻化する恐れもある。

すでに、ＢＲＩＣｓのなかで、貴重な水産資源を囲い込むような動きも出てきている。たとえば、２００７年5月30日、ロシア農業省は、生きたカニの全面禁輸措置を発表した。

資源の囲い込みを進めるプーチン政権は、原油や天然資源、レアメタル（希少金属）から水産資源へと囲い込みの対象領域を広げてきており、4月26日の年次教書演説では、外国企業に対する漁獲割り当てを廃止することを発表した。今回の生きたカニの禁輸措置は、そうした方針に沿ったものといえる。

中産階級が台頭して消費が盛り上がっているロシアでは、日本の寿司料理などがブームになっていることもあり、カニの消費量が急増している。カニの乱獲によって、カニ資源の減少が懸念されるようになった。最近では、カニの密漁も目立つようになってきている。ロシアにとっては、禁輸措置をとることでカニ資源の確保が図れるほか、生きたカニを必ずロシアで水揚げするようにすれば、税収の増加も期待できる。

現状、日本は、生きたカニの多くをロシアからの輸入に頼っているため、今回の禁輸措置によって水産加工業界や運送業界は大きな打撃を受けることになるだろう。とくに、生きたカニの国内での供給基地となっている北海道の稚内市、紋別市経済への影響が懸念される。

２００６年のデータでは、日本がロシアから輸入している生きたカニは金額ベースで約１９５・５億円に上り、輸入全体の93・３％がロシア一国で占められている。

生きたカニの輸入が滞ることによって、今後、日本における生きたカニの取引価格・販売価格が大幅に上昇することが予想される。

マグロ減少に歯止めはかかるか

日本食ブームや健康志向の強まりを受けて、世界的に魚介類の消費が膨らむ傍ら、供給面では、各国で貴重な水産資源を保護しようという動きが強まっている。

この背景には、これまでの乱獲などによって、各種の魚介類が大幅に減少してきたことがある。

原油や石炭などの化石燃料は、枯渇してしまう日が必ずおとずれる。しかし、魚は生き物なので、ある程度の数を漁獲しても、新たに生まれる子どもによって、その数を回復させることができる。

ただ、乱獲によって魚の数が減り続けると、新たに子どもが生まれても、もとの数に回復することが非常に難しくなる。むやみに乱獲を繰り返せば、絶滅を招く恐れすらある。たとえば、

1741年に発見されたステラー海牛（大型海生哺乳類）は、食料用に乱獲されたために、わずか30年足らずの間に絶滅してしまった。

現在、魚介類のいくつかの種では、乱獲の結果、もとの数に戻ることが難しいところまできてしまっているのだ。

近年になって個体数の減少が目立つのが、日本人が好物として大量に食べているクロマグロ（本マグロ）やミナミマグロといった高級マグロだ。とくに、最も高級とされるクロマグロについては、脂がのったトロがたくさん取れるため、日本の料亭や高級寿司屋では欠かすことのできない食材となっている。

日本はマグロの消費大国だ。全世界のマグロの漁獲量は年間約200万トン。日本の漁獲量は世界の1割程度にすぎないが、消費量では世界の4割を占める。クロマグロやミナミマグロに限れば、世界の漁獲量のほとんどを日本一国が消費しているといわれる。

マグロの減少を食い止めようと、様々な対策が打たれるようになった。2006年の秋には、マグロの資源管理を行う国際機関がクロマグロとミナミマグロの漁獲枠を大幅に削減した。

また、2007年1月には、マグロ資源を管理する5つの国際機関が神戸で合同会合を開いた。この会合では、各国が連携してマグロの漁獲量や水揚げ量のデータを共有するとともに、マグロ漁船への監視を強化し、違法な漁船を取り締まっていくことなどが取り決められた。

一方、クロマグロを巡っては、2007年1月29日、国際機関のひとつである大西洋まぐろ類保存国際委員会（ICCAT）が東京で会合を開き、東大西洋・地中海での漁獲割当量について、日本や欧州（EU）が2010年までに2006年対比23％削減することを決めた。今後も、こうした漁獲に関する規制は強まっていく可能性が高い。

需要の拡大と供給の減少によって、日本で取引されるクロマグロやミナミマグロの価格には上昇圧力がかかってくるだろう。

そうした状況下、日本の一部の水産会社では、大学などと協力して、卵を孵化させて成魚まで育てるクロマグロの完全養殖を行おうという試みがなされるようになった。クロマグロが卵から成魚になるまでの生存確率は0・01％と、完全養殖は非常に難しいとされている。もし完全養殖のビジネスが成功して、世界レベルで軌道に乗ってくれれば、クロマグロの減少に歯止めをかけることができるかもしれない。

庶民の味方のサバやイワシも

欧州地域で人気が高いのは、イワシ、アジ、サバ、コハダといったいわゆる青肌の魚である。日本でも、昔から青肌の魚は人気が高い。値段が手頃ということもあって、庶民の生活には欠かせない食材であった。人間だけではない。クジラやイルカなども青肌の魚を好物としている。

一般に、青肌の魚を食べると、生活習慣病の予防に役立つといわれている。なぜかというと、青肌の魚の脂肪には、EPA（エイコサペンタエン酸）とDHA（ドコサヘキサエン酸）がたくさん含まれているからだ。

これらは不飽和脂肪酸であるため、血液の流れをよくして、悪玉コレステロールを減らして、善玉コレステロールを増やしてくれる。EPAは、がんの予防にも効果があるといわれる。

青肌の魚のなかでも、とくにサバにEPAやDHAが豊富に含まれているという。

ただ残念なことに、こうした青肌の魚も減少傾向にあり、品薄を背景に庶民の食卓にのぼる機会はこれから少なくなってくるかもしれない。サバ寿司などの値段も上がってきそうである。

一部の青肌の魚については、資源保護の観点から、今後、漁獲量を減らさなくてはならないといわれている。

欧州では、主にノルウェー産のサバを輸入している。しかし、欧州で魚食文化が急速に広がってきたことから、ノルウェー産のサバの値段は近年上昇傾向にある。

ウナギの価格は将来的にウナギ上り

日本人は世界で最もウナギをよく食べる民族である。蒲焼の香ばしい香りを嗅ぐだけで、白飯をモリモリ食べることができる人もいるらしい。

天才棋士と称される、将棋の加藤一二三・九段は、個性的なキャラクターも有名で、数々の伝説を残している。その一つに、ウナギが大好物で、対局しているときに注文する出前は、昼も夜もすべて「うな重」であったという伝説がある。もっとも最近は、出前を寿司に変えたということだ。

「土用の丑《うし》の日」には、夏の暑さでばてないよう、スタミナをつけるためにウナギを食べる習慣もあるぐらいだ。もっとも、美食家で知られる北大路《きたおおじ》魯山人《ろさんじん》によると、ウナギが最もおいしく感じられる季節は実は冬なのだそうだ。ウナギにはビタミンAやビタミンB_1、ビタミンE、たんぱく質などが豊富に含まれており、消化にも良い。

世界で水揚げされたウナギの7割は日本人の口の中に入るという。日本のウナギの年間消費量は10万トンにも達する。

しかし、国産のウナギは天然・養殖ともに水揚げ量が年々減少しており、現在は日本国内で消費するウナギの約8割を海外からの輸入に頼っている。

日本の貿易統計によると、ウナギの輸入先で第1位を占めるのが中国である。日本は生きたウナギの輸入量の57・7%を中国に頼っている(2006年)。その次に多いのが台湾からの輸入だ。

日本人の大好物になっているウナギであるが、最近では国産のウナギを中心に値段が上がってきており、今後はウナギの値段がさらに上昇していくことが予想される。

なぜ、国産のウナギの値段が上がってきているのだろうか。2007年に、米国食品医薬品局（FDA）が中国産のウナギに抗菌剤が残留していたとして、輸入を一時停止したことがきっかけだ。

日本では、2002年に中国産ウナギの蒲焼に水銀が検出されて以来、養殖の過程から厳格な薬品残留検査が行われている。また、日本に中国産のウナギが到着してからも検査を行っており、安全性に問題のあるウナギは水際で食い止められている。

米国のように中国産のウナギについて心配をする必要はないのだが、消費者は食の安全に敏感になっているため、米国の輸入規制の報道があってから、中国産のウナギに警戒感を持つようになった。中国産のウナギは安いのだが、消費者の間では、多少値は張っても国産のウナギを食べる傾向が強まっている。

スーパーなどでも中国産のウナギの取り扱いが減少し、代わりに国産のウナギを並べるようになった。このため、国産のウナギの需給が逼迫し、品薄になって国産ウナギの値段が上がっているのだ。

それだけではない。2007年のワシントン条約締約国会議でヨーロッパウナギ（シラスウナギ）の輸出規制も決まった。これを受けて、欧州連合（EU）は2013年までにヨーロッパウナギの稚魚の漁獲量を60%削減する予定だ。台湾もヨーロッパウナギの輸出規制をする。ヨーロッパウナギの輸出規制も日本へのウナギの供給が滞る原因となる。直接EUからのウナギの輸入が減ることに加えて、中国からのウナギの輸入も減ることになるからだ。ヨーロッパウナギの稚魚は、一度、中国に輸出されてそこで養殖・加工されたうえで、中国から日本に輸出されている。中国でヨーロッパウナギの稚魚を養殖するには、通常2～3年の期間を必要とするため、稚魚の輸出削減の影響が日本に及んでくるのは、2010年以降になるだろう。

将来、ウナギの価格はウナギ上りに上昇していくかもしれない。

謎だらけだったウナギの生態

話は少し横道に逸れてしまうが、読者のみなさんは、ウナギの生態をご存じだろうか。実はウナギの一生はこれまで謎だらけだった。ウナギは約1億年前にインドネシア付近で誕生したといわれ、ニホンウナギ、アメリカウナギ、ヨーロッパウナギなど現在18の種類が知られている。

古代ギリシャの時代から、ウナギの生態は大きな謎のひとつとされていた。有名な哲学者アリストテレスは、ウナギの生態の謎がどうしても解けなくて「ウナギは泥のなかから、自然に発生する」という奇説を唱えたほどである。天然ウナギは卵から成魚になるまでの活動領域が広範にわたるので、成魚を目にすることはあっても、誰もその卵を見つけることができなかった。

秘密のベールに包まれていたウナギの生態が明らかになったのは、つい最近のことだ。1922年にデンマークの科学者シュミット博士が、天然のヨーロッパウナギの産卵場所が、魔のトライアングルで有名なバミューダ海域であることを突き止めた。

日本や中国に生息する天然のニホンウナギの故郷がわかったのはそれからずっと後の2005年だ。ニホンウナギの産卵場所は、なんと日本から2000キロメートルも離れたマリアナ諸島の西方沖であった。東京大学海洋研究所の研究者たちが明らかにした。

マリアナ諸島沖で産声をあげたニホンウナギは、「レプトセファルス」と呼ばれる幼生の姿で海を北上していく。北赤道海流と黒潮に乗って長い旅をした後、稚魚である「シラスウナギ」に姿を変えて、日本や中国、台湾の沿岸から川に入って成魚へと成長していくのだ。川で5～15年間暮らした成魚は、9月から12月に産卵のために再び大海原へ出て行くという。

長い間、謎に包まれていた天然ウナギの生態が明らかになってきたことで、世界規模で減少しているウナギを保全するための対策が立てやすくなるだろう。

市場に出回る上海ガニの8割はニセモノ?

秋の味覚として知られる中国の高級食材、上海ガニ。毎年、9月から11月にかけて旬の季節となり、多くの人が堅いカラと格闘しながら舌鼓を打つ。

中産階級の台頭でグルメブームが巻き起こっている上海市などでは、上海ガニを提供するカニ・レストランがたくさん立ち並ぶようになった。

また近年では、中国本土や香港だけでなく、日本でも上海ガニの人気が高まっている。日本の中華料理店では、中国から輸入した上海ガニを秋のコースメニューの目玉としているところが多い。一度、上海ガニを食べると、その珍味が忘れられず、病みつきになってしまう人も少なくない。

それほど多くの人を惹きつける上海ガニとは、いったいどのような食材なのか。知らない読者も多いと思うが、上海ガニはその名前に反して上海生まれではない。上海に近接する江蘇省昆山市の陽澄湖で養殖されているカニを「上海ガニ」というのだ。陽澄湖では、現在約260の業者が上海ガニの養殖を行っている。養殖で成功して大金持ちになった業者も少なくない。実際、陽澄湖周辺には、豪華なカニ御殿がたくさん建っている。

昔は天然の上海ガニが主流であったが、汚水問題などで天然の上海ガニが減少したため、現在はほとんどが養殖となっている。なぜ陽澄湖で養殖されているかといえば、この湖にはカニが食べるプランクトンが豊富に存在しており、独特の風味を持ったカニを育てることができるからだ。オスよりもメスの上海ガニのほうが高い値段で取引される。

しかし、2000年代に入って上海ガニの偽物が大量に出回るようになった。現在、陽澄湖産の上海ガニと称してあちこちで販売されているカニの80％は、産地を偽ったニセモノであるといわれる。偽物の上海ガニは、遼寧省産や安徽省産、湖南省産などが多いという。これらの産地で養殖された偽物は非常に安い価格で取引されている。偽物のなかには毒性のある汚水で育てられたものも含まれており、偽物の上海ガニを食べた人の健康上の被害が懸念される。ただ、料理店で調理されてしまうと、本物の上海ガニと偽物の区別をすることは、よほど味に詳しい人でも、ほぼ不可能であるということだ。

偽物の上海ガニが大量に出回っていることで、養殖業者は大きな被害を受けている。上海ガニのブランドイメージが崩れてきたほか、本物の上海ガニの価格が値崩れするといった問題も起こっている。実際、ピークであった1990年代後半に比べると現在の上海ガニの値段は半分程度まで下がっている。

オリジナルの上海ガニを扱う養殖業者は、大量に出回るコピー・ガニに頭を悩ませており、様々な対策を講じるようになった。

レーザーで業者の名前を甲羅に刻むといった作戦がとられたこともあるが、この作戦はあっという間に偽物業者に真似されて断念した。

最近では、偽物と区別できるよう、ＩＤ番号のついた識別タグを導入するようになった。しかし、偽物業者はこれもすぐに真似する可能性が高く、オリジナルと偽物のイタチごっこはこれからも続きそうだ。

たこ焼き文化の命運を握るのはモロッコ

良雄「明日は大阪に出張だから、たこ焼きでも食べてこようかな」
佳子「いいなあ。私も、たこ焼き大好き。お土産に買ってきてね。あっ、でもたこ焼きの値段が上がっているから、無理して私の分まで買ってこなくていいわよ」
良雄「たこ焼きの値段が上がっているのは、モロッコがマダコの捕獲を規制しているためらしいよ。日本はモロッコからたこ焼きに使うマダコを大量に輸入していたから、品薄になって、それでたこ焼きの値段が上がっているんだ。最近は、モーリタニアとか中国とか別の国からマダコを輸入するようになったらしい。でも、モロッコのマダコはアワビとかをエサにしているから、すごく柔らかくて美味しいんだよな」
佳子「たこ焼きの大きさを小さくして値段を据え置いているお店もあるらしいわ。小さいたこ焼きなんて嫌だなあ。大きいたこ焼きをホクホクしながら食べるのがいいのよね」

MENA（中東・北アフリカ）の一角を占めるアフリカのモロッコは、世界有数の漁業立国であり、漁業が経済成長の牽引役となっている。

最近では、寿司をはじめとする日本食が世界的なブームになって、水産資源に対する需要が高まってきたため、世界各国がモロッコの水産資源に注目している。水産資源の輸出増などによって、モロッコの2006年の経済成長率は前年比7・3％増を達成した。

モロッコは様々な水産資源に恵まれているが、とくに漁獲量が多いのが「マダコ」である。モロッコに面する北西アフリカの沖合は、世界最大のマダコの漁場となっている。モロッコは水揚げしたマダコのほとんどを海外への輸出にまわしており、これが重要な外貨獲得手段となっているのだ。

日本も国内で消費する冷凍マダコのほとんどをモロッコからの輸入に頼っている。モロッコから輸入されたマダコは刺身や寿司、から揚げの材料となるほか、たこ焼きなどにも使われている。

しかし、近年、これまでの乱獲によってマダコの数が減ってきた。乱獲が目立つようになったのは、大阪のたこ焼き文化が日本全国に広がって、たこ焼きブームになったため、モロッコ産のマダコに対するニーズが日本で急増したためとも指摘されている。

モロッコ政府は、マダコを保護することを目的として、マダコの捕獲規制を強めている。その結果、日本のモロッコからのマダコの輸入は激減しており、5年前と比べた輸入量は10分の1以下になってしまった。品薄になった輸入マダコの価格は高騰している。

第3章 原油高とティッシュペーパー

5年間で2・5倍に上昇した原油価格

1週間の夏休みをとった良雄さんは、夫婦でドライブを楽しみながら、軽井沢まで出かけることにした。

途中、ガソリンを補給するために、ガソリンスタンドに立ち寄った良雄さんは、ガソリンの値段が大きく上がっていることに気づいてビックリした。仕事で忙しくて車に乗る機会があまりなかった良雄さんは、ガソリンの値段の変化を知らなかったのだ。

「なんで、こんなにガソリンの値段が上がっているの？」

良雄さんが首をかしげながら、ガソリンスタンドの店員に聞いたところ、店員は「ガソリンの燃料となる原油の国際価格が上がっているからですよ」と答えてくれた。

良雄「え？　原油の国際価格はそんなに上がっているの？」

店員「そうなんです。アメリカで取引されている原油価格は2001年時点では25・9ドルだったのですが、その後、高騰するようになり、2006年は66・1ドルまで上がりました。わずか5年間で2・5倍に上昇した計算になります。今はもっと上がっています。日本は国内で利用する原油のほとんどを海外からの輸入に頼っているので、原油の国際価格が上がると大きな影響を受けてしまうのです」

良雄「原油の国際価格は数年前から上がっていたんですよね？　それなのに、なぜ今頃ガソリンの値段が上がってくるんですか？」

店員「元売り会社は輸入した原油を精製してガソリンをつくっているのですが、それまでは仕入れコストが上がっても、ガソリンスタンドに販売する卸売価格には転嫁しないようにしていたのです。しかし、原油価格の高騰が続くなかで、価格転嫁をしないと経営が厳しくなってきたので、卸売価格が上がってきたというわけです」

店員「また、ガソリンスタンドのほうも、業者間の競争が厳しいので、ガソリンの卸売価格が上がっても、できるだけ小売価格の値上げをしないように努力してきました。でも、それも限界になって、とうとうガソリンの小売価格が上がるようになってきたのです」

良雄「なるほど。それで原油価格が上昇した後、だいぶ時間がたってからガソリンの小売価格が上がってきているというわけか」

佳子「私の友達は、お盆に故郷に帰ったら、自分の車を使わずに親の車を使わせてもらうといっていたわよ」

基本は需要と供給のバランス

米国のニューヨーク・マーカンタイル取引所で取引されている原油の国際価格の推移を示し

た図表3−1によると、2000年代に入ってその値が急上昇していることが分かる。

なぜ、これだけ原油の国際価格は上がってしまったのだろうか。

一般的に、モノの値段は需要と供給のバランスによって決まる。需要のほうが供給よりも大きければ、モノの値段は上がっていくし、需要のほうが供給よりも少なければ、モノの値段は下がっていくという仕組みだ。

原油価格も、他の商品と同様、需要と供給のバランスによって決まる。近年、原油の需要のほうが原油の供給よりも大きくなってきたので、原油の国際価格が上昇しているのだ。将来、原油の国際価格が上がるであろうという予測のもとに、原油に投資をするマネーがたくさん入ってきたことも原油価格の上昇につながっているが、基本は需要と供給のバランスで決まる。

そこで以下では、最近の原油の供給と需要の動向について整理してみたい。まず、現在の産油国の経済がどのようになっているかを眺めていこう。

産油国の政情も大きな高騰要因

原油の価格は産油国の動向に大きく左右される。産油国の一部で何か大きな事件が起きると、これまで必ずといっていいほど原油価格が高騰してきた。

原油価格の高騰と聞いて、私たちの頭にすぐに思い浮かぶのは、1970年代に起こった

図表 3-1 原油の国際価格（WTI）の推移

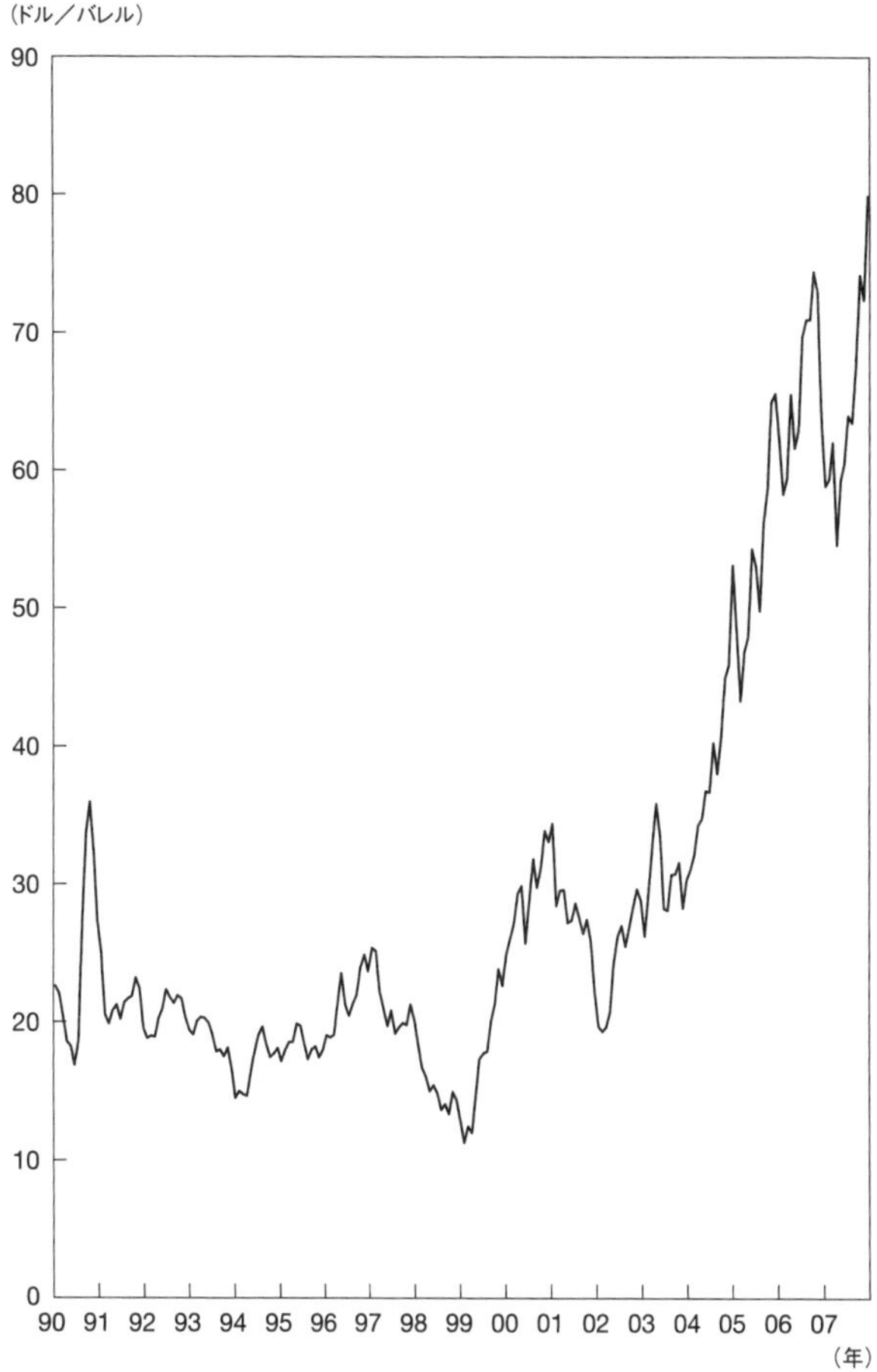

（出所）WTI資料より作成

「第1次石油ショック」と「第2次石油ショック」であろう。

第1次石油ショックは次のような経路で起こった。1973年10月にエジプト軍とシリア軍がイスラエルを攻撃して第4次中東戦争が勃発する。

戦争の最中、アラブ諸国は、米国をはじめイスラエルを支持する西側の国々に対して石油を武器とした「石油戦略」を展開した。具体的には、石油輸出国機構（OPEC）に加盟する産油国6カ国が原油の公示価格を21％引き上げることを宣言した。また、アラブ石油輸出国機構（OAPEC）も石油生産を5％削減することを決定した。

この結果、日本を含めた資本主義諸国では、原油価格や原材料価格が高騰し、急激な物価の上昇（インフレ）に見舞われることになったのである。これが世に言われる「第1次石油ショック」だ。

この石油ショックによって、日本では主婦がトイレットペーパーを買い占めるなどの現象が発生した。

また、1978年10月にはイラン革命によってイラン情勢が悪化、1979年にイランが原油の生産を停止したため、OPECが原油価格の引き上げを行った。

このときにも、資本主義国が物価の上昇に見舞われた。これが世に言われる「第2次石油ショック」である。ただ、第2次石油ショックの際には、第1次石油ショックの経験もあって、主婦がトイレットペーパーの買い占めに走るなどといったパニック状態に陥ることはなかった。

さらに、1990年8月にイラクがクウェートに侵攻して起こった湾岸戦争の際にも、原油価格が大幅に上昇している。

ところで、原油の価格が上がると、原油を輸入している国から原油を輸出している国にたくさんのお金が流れていくことになる。近年、石油資源の豊富なMENA（中東・北アフリカ）の地域が注目されているが、これは、原油価格の高騰によってこれらの地域に世界のマネーが流れてきているからだ。

オイルマネーに沸くサウジアラビア経済

かつて、中東の国々は世界経済の発展から取り残された存在であった。ところが、この地に世界的な埋蔵量を誇る油田がたくさんあることが判明する。

それ以来、中東の国々は、石油を先進国に売ることによって巨万の富を獲得するようになる。そして、中東諸国は石油の収益を国の近代化に注ぎ込んでいる。中東諸国のなかでも、世界最大の産油国となっているのがサウジアラビア王国である。

2006年の原油生産量は5億1460万トンで、世界全体の原油生産の実に13・1％を占めた。原油の埋蔵量も世界第1位を誇り、2006年末までに発見された埋蔵量は363億トンにも達する（世界シェアは22％、図表3－2）。そのほか、天然ガスも豊富に産出する。

サウジアラビアでは、原油の国際価格の高騰によって原油の輸出金額が大幅に増加しており経済は好調だ。

原油関連産業の収益増で税収が伸びているため（サウジアラビアの実質GDPの3割が原油関連産業によって稼ぎ出される）、これまで赤字基調にあった政府の財政収支も2004年以降は大幅に改善しており、2006年は過去最高の黒字額となった。

政府は、巨額の財政黒字の一部を、公務員の給与引き上げ（2005年に15％の引き上げ）や国内ガソリン価格の値下げ（2006年5月から30％の値下げ）といったかたちで国民に還元しており、購買力の改善した国民は、中産階級を中心に高額消費を増やしている。

富裕層の一部は海外旅行を楽しむようになっており、インドなど周辺のアジア諸国を積極的に訪問している。ただ、人口が急増するなか、人口の過半を占める若年労働力が、労働市場に続々と参入してきているため、景気が拡大するなかにあっても職につけない人はまだまだたくさんいる。

サウジアラビアは原油輸出によって稼ぎ出した巨額のオイルマネーを利用して、観光産業や金融産業など原油以外の産業の育成を図っている。

外資を呼び込むための、インフラ投資も活発に行っており、たとえば、ペルシャ湾と紅海を

図表 3-2 原油の埋蔵量の世界ランキング（2006年）

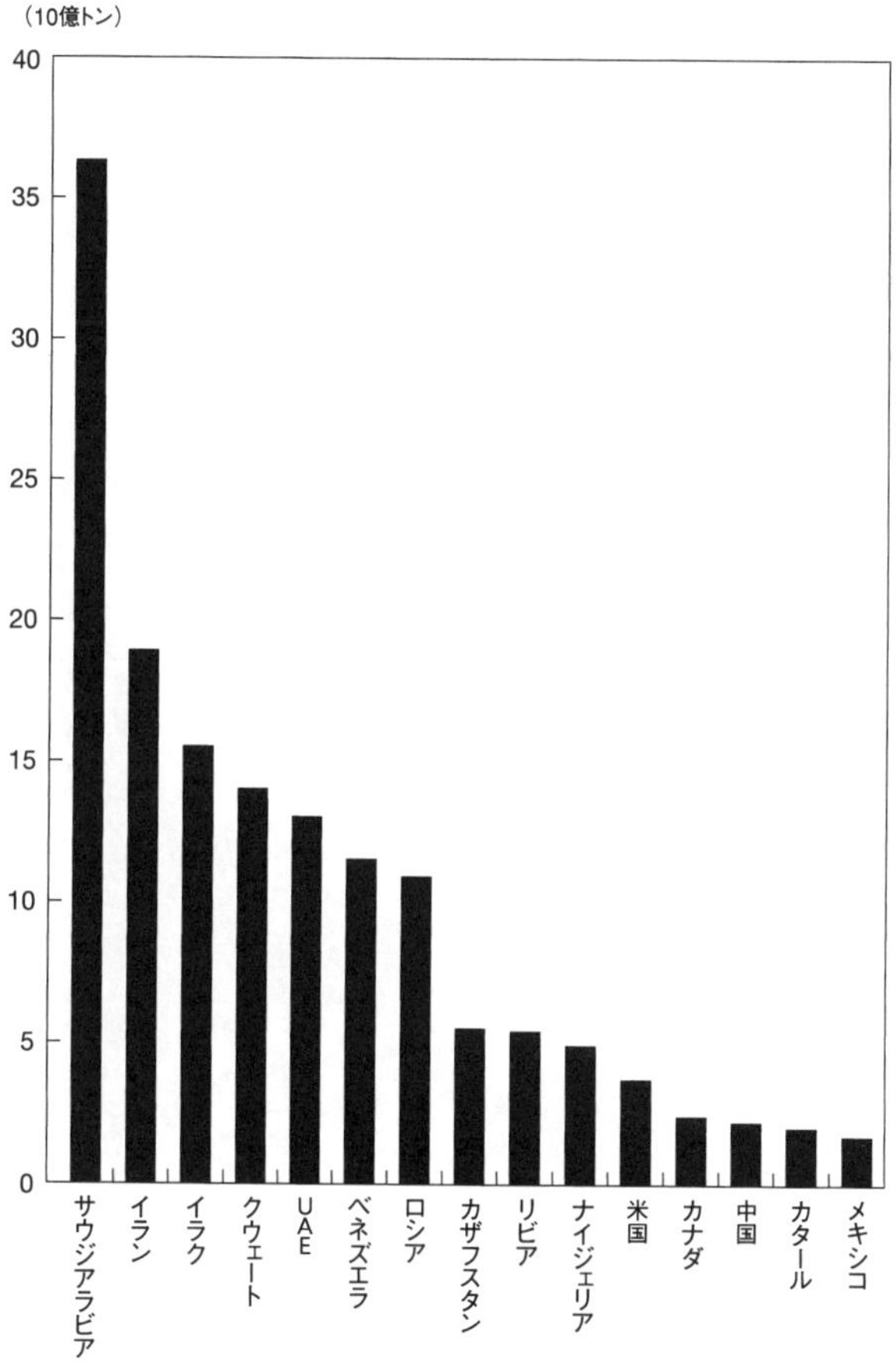

（出所）英国BP社資料より作成

結ぶ総延長約1000キロメートルの鉄道を建設する予定だ。サウジアラビアは2005年末にWTO（世界貿易機関）への加盟を実現、外資に対する規制緩和策を相次いで打ち出しており、外国企業にとっては、サービス業を中心にサウジアラビアに進出しやすい状況が整いつつある。

外資導入をテコに、原油セクター以外の民間産業が台頭してくれば、サウジアラビアは原油の国際価格の動向に左右されることなく、持続的な高成長を達成することが可能になるだろう。

世界中のヒト・モノ・カネが流入するドバイ

読者のみなさんは、アラブと聞いてどのようなイメージを持つだろうか。一昔前であれば、おそらく「砂漠」、「ラクダ」、「イスラムのモスク」、「王様」といった答えが大多数を占めたのではないか。だが、今のアラブは、そのような古いイメージとはまったく異なる超近代国家になっている。空港から市内に向かうハイウェイの両側には、高層ビル群が立ち並び、建設中のビルもたくさんある。多くの旅行者は最初にこの壮大な光景を目にして、圧倒されてしまう。

まずは、アラブの歴史を簡単に振り返ってみよう。油田が発見される前のアラブ地域では、国土の観念を持たないベドウィン（アラブ系の遊牧民）たちがラクダに乗って自由に移動しながら気ままな生活を送っていた。また、漁業で生計を立てている人たちもたくさんいた。かつて、沿岸部では天然真珠の採取が盛んであったが、日本の養殖真珠が登場するようになると、産業として衰退していった。

しかし、1960年にアブダビで大規模な油田が発見されると、アラブは世界的な原油の輸出拠点へと変貌する。先進国から流入する巨額のオイルマネーで急成長を遂げるようになったのだ。

そして1971年12月に、アブダビ、ドバイ、シャルジャ、ウム・アル・カイワイン、アジュマン、フジャイラの6首長国が、アラブ首長国連邦（UAE）の独立を宣言した。翌年2月にラスルハイマが加わって、現在は7つの首長国からなる。首都はUAEで最大の原油埋蔵量を誇るアブダビだ。

独立してからこれまでの間、アラブ首長国連邦はオイルマネーの恩恵を受けて急成長してきた。2006年の実質経済成長率は前年比9・7％増だ。原油の輸出で外貨を稼ぎ出しているため、経常収支の黒字額はGDP（国内総生産）に対する比率で16・3％に及ぶ。原油の埋蔵量は2006年末時点で130億トンに達し、世界第5位。また、2006年の原油の生産量は1億3830万トンで世界第9位となっている。

しかし、原油は限りのある資源だ。いつかは枯渇してしまう。また、近い将来、原油に代わる代替エネルギーが開発されるかもしれない。こうしたことを考えると、産油国が中長期的に原油の輸出だけに頼って成長していくことは難しいだろう。

そこで、アラブ首長国連邦では、このオイルマネーを利用してインフラ整備や他産業の育成を積極的に進めるようになっている。

アラブ首長国連邦のなかでも、特に注目されているのが「アラビア湾の真珠」との異名を持つドバイである。ドバイは総面積が約3900平方キロメートルで埼玉県よりも少し大きい程度だ。これだけの広さしかない地域がなぜ注目されているのか。

それは、このドバイが7首長国のなかでもっとも早いスピードで変貌し、世界中のヒト・モノ・カネが流入するようになったからだ。日本の企業も、家電メーカーのソニーをはじめ200社以上が楽園都市ドバイに進出している。

かつては、ドバイの経済活動全体の半分近くを石油収入が占めていたのが、現在は石油以外の産業が経済全体の97%を占め、石油依存体質からの脱却に成功した。ドバイの人口は現在、140万人程度で、そのうち、UAEの人が占める割合は20%にすぎない。インドやパキスタン、イランなどからやってくる外国人労働者が経済活動を担っている。ドバイは宗教に対して寛容であるため、宗派の異なるイスラム教徒であっても、関係なく働くことができる。

ドバイではリゾート地の開発が積極的に進められているほか、中東の物流拠点、金融拠点としてもそのプレゼンスを高めつつある。

リゾート開発ではたくさんの人工島が建設されている。たとえば、ヤシの木の形をした人工島群「パーム・ジュメイラ」。ここには高級ホテルや、住宅、商業施設などが立ち並ぶ。サッカーのベッカム選手は「パーム・ジュメイラ」の別荘地を購入した。

また政府系のデベロッパー、ナキールが開発している「ザ・ワールド」。これは、大小あわせて約300の人工島を、世界地図を模して配置した巨大な人工島群である。2008年に造成が完了する予定だ。

そして現在、ドバイの繁栄を象徴する超高層ビルが建設中だ。その名も「ブルジュ・ドバイ(ドバイの塔)」。このタワーはオフィスと住居の兼用になっており、完成すると、160階建て、800メートルに達し、世界一の高さになる。ちなみに、それまでの世界一の高さのビルは台湾にある「TAIPEI 101」(508メートル)だった。

ドバイでは金融セクターの発展も著しい。かつて中東の金融の中心はバーレーンであったが、いまではドバイがバーレーンに代わる新しい金融センターとなりつつある。ドバイ政府も、金融業の育成に力を入れており、2015年までに金融をドバイ経済の中心にする方針を打ち出している。2007年8月には、ドバイ証券取引所とドバイ国際金融取引所の持ち株会社としてドバイ取引所が発足した。

イラク復興特需で潤うクウェート

サウジアラビアとイラクに隣接するクウェートも有力産油国のひとつだ。かつてクウェートは英国の保護国となっていたが、1961年6月19日に英国から独立した。現在の人口規模は300万人程度だ。

クウェートは1938年に巨大な油田が発見されてから、世界有数の産油国へと躍進した。クウェートの原油の埋蔵量は、2006年末時点で1400億トンと世界第4位を誇る。

近年、クウェートは10％前後の高い経済成長率を達成しているが、これは石油部門の好調によるところが大きい。製造業や金融業、サービス業など他産業の発展が遅れているため、産業の多角化が将来の課題となっている。

近年のクウェート経済が好調な背景には、2003年にイラク戦争が終結した後、同国がイラク復興の物流拠点となっていたという事情もある。

米国をはじめイラクに駐留する軍隊にとって、クウェートは重要な中継基地であった。人員や物資がすべてクウェートを経由して移動するため、クウェートの運送業界は未曾有の特需に沸いた。

また、イラク戦争で破壊されたインフラを整備するため、各国の建設業者がクウェートに集まり、湾岸設備など大型案件を次々に受注している。

これまで高い経済成長を続けてきたクウェートだが、最近ではインフレの昂進が景気の懸念材料として浮上している。

クウェートはこれまで通貨ディナールを米国のドルに連動させる為替制度を採用していたが、ドルの価値が他通貨に対して下落するなかで、ディナールの価値も下落するようになってきた。その結果、ユーロなどドル以外の通貨建てでモノを輸入する際の輸入物価が上昇して国内でインフレが発生している。

これを受けて、クウェート中央銀行は、2007年5月20日、通貨ディナールのドル・ペッグ制度を放棄して、通貨バスケット制（主要通貨のバスケットにディナールを連動させる制度）に変更すると発表した。

湾岸地域に統一通貨が誕生する？

ペルシャ湾岸6カ国（UAE、サウジアラビア、バーレーン、オマーン、クウェート、カタール）で構成される湾岸協力会議（GCC）は、2010年に域内統一通貨を導入することを目標としてきた。

GCCは、ペルシャ湾岸の6カ国が、1981年5月に、将来の統一を目的に設立した組織だ。当時のアラブ地域ではイラン革命（1979年）を経て、イランが勢力を拡大していたので、ＧＣＣの国々が団結することでイランに対抗していこうとしたのである。

ＧＣＣで統一通貨を導入すれば、様々なメリットが期待できる。たとえば、ＧＣＣ6カ国すべてが同じ通貨であれば、為替の変動を気にすることなく域内で貿易取引ができるので、ＧＣＣ内でのヒト・モノ・カネの移動が活発になるだろう。

また、分断されていたＧＣＣの金融市場もひとつにまとまるので、ＧＣＣの企業は、株式市場を通じて巨額の資金を調達できるようにもなる。

さらに、巨大な統一通貨圏が形成されることで、他国の通貨に対してＧＣＣの通貨価値が上昇することも期待できる。

ＧＣＣの地域統一通貨は、欧州の単一通貨ユーロがモデルとなっている。統一通貨導入のための布石として、各国がドル・ペッグ制を採用することになったのだが、クウェートがインフレ対策を優先してドル・ペッグ制を停止したことや、２００６年にオマーンが２０１０年の参加は難しいと表明したことなどから、各国の足並みがそろわなくなってきている。ＵＡＥなどクウェート以外のＧＣＣ加盟国でもインフレが発生しているため、ドル・ペッグ制の見直しがあるのではないかとの見方も出ている。

こうした事情から、ＧＣＣでの統一通貨の発行時期は、当初目標の２０１０年から延期される見通しとなっている。

今回の延期で、GCCをひとつの経済圏としてとらえて、広域ビジネスを展開しようと考えていた外国企業にとっても、少なからず影響が出てきそうだ。

石油依存体質からの脱却が進むオマーン

湾岸協力会議(GCC)の一角を占めるオマーンも有力産油国のひとつだ。オマーンはアラビア半島の南東端に位置する。はるか昔に「シバの女王」が支配していた土地だ。首都はマスカット。マスカットの名称は、ぶどうの王様「マスカット・オブ・アレキサンドリア」と関係があるのではないかともいわれる。

オマーンは1960年代まで鎖国政策をとっていたが、1970年にカブース現国王が父親の前国王を追放して開国に踏み切った。鎖国の状態が解かれると、カブース国王は病院や学校などの社会インフラ整備を進めていった。

近年では原油価格の高騰を背景に、景気が好調に推移しており、2006年の実質経済成長率は前年比5・9%増となった。水産資源に恵まれたオマーンでは、150種類以上の魚が取れ、漁業も発達している。

アラブ首長国連邦(UAE)やクウェート、カタールなどは外国人労働者を積極的に受け入れているが、オマーンは外国人労働者の受け入れを制限しており、人口248万人のうち75%

にあたる180万人がオマーン人で占められる。

オマーンは2000年にWTO（世界貿易機関）への加盟を実現してから、急速なスピードでグローバル化路線を進めるようになり、2006年には米国との間で自由貿易協定（FTA）も発効した。

また、オマーンは石油依存体質からの脱却を大きな政策目標として掲げており、規制緩和によって、外国の有力企業を積極的に誘致している。金融の分野では、外国銀行によるオマーン国内銀行への出資を認めるようになった。製造業の分野では、工業団地を造成して、そこに外国の製造業を誘致している。

オマーンは石油の代替エネルギーとして注目される天然ガスの開発にも力を入れている。それだけではなく、天然ガスを有効利用した肥料ビジネスも積極展開するようになった。天然ガスからアンモニアを作って、それを尿素に転換すれば肥料が出来上がる。

日本では、2004年、三菱重工業がオマーンのソハール国際尿素・化学品工業社から肥料製造プラントを約5億ドルで受注した。

香水産業の育成にも力を入れている。オマーンの南部には、「乳香」と呼ばれる木が生育しており、樹液から香がとれる。これを使って高級ブランドの香水を製造するのだ。「乳香」のさわやかな香りはシバの女王やクレオパトラもこよなく愛していたといわれる。

オマーンにある香水会社の「アムアージュ」は、ロシアやエジプトなど海外の富裕層向けに、「乳香」から作った高級ブランド化粧品の輸出・販売を増やしている。

イランの核開発疑惑が招く供給不安

近年の原油価格上昇の一因と考えられているのが、有力産油国であるイランとナイジェリアの地政学的リスクである。

イランでは、1979年にいわゆる「イラン革命」が発生し、親米派のパーレビ王制が倒されてイスラム教シーア派の指導者ホメイニ師が実権を握った。「イラン革命」以降、イランは米国との国交を断絶し、国際的に孤立していった。

しかし、近年、イランは豊富な天然資源を武器に中国やロシアなどとの経済関係を深めるようになった。イランは世界の原油生産の5・4%を担う産油国である。発見されている原油の埋蔵量は、189億トンに達し、サウジアラビア（埋蔵量は363億トン）に次いで世界第2位。世界全体の原油埋蔵量の11・4%を占める。原油だけでなく天然ガスも豊富で、発見されている天然ガス埋蔵量の世界シェアは14・9%に及ぶ。

2006年の実質経済成長率が前年比5・3%増を記録するなど、近年では、国際的な原油価格高騰の恩恵を受けて高い経済成長が続いている。原油の輸出金額の増加によって経常収支も改善傾向にあり、2006年の経常収支の黒字額は名目GDPに対する比率で6・7%にも達した。

ただ、原油関連以外の産業育成が遅れ気味となっているため、原油や天然ガスの国際価格が下落に転じた場合には、イラン経済全体に無視できない悪影響が及ぶ可能性がある。

現在、イランは核開発問題をめぐって欧米諸国と対立している。イランはすでに核燃料製造につながる濃縮ウラン製造に成功したが、あくまでも原子力の平和利用と主張している。2006年12月には、国連安全保障理事会がイランに核関連活動の全面停止を義務付け、イランへの核関連物質の移転を禁止する経済制裁を科した。イランがこれに応じなかったことから、国連安全保障理事会は2007年3月に追加の経済制裁を科した。

日本は輸入する原油の14%をイランに依存しているほか、イラン南西部のアザデガン油田開発の権益を持つなどイランとの経済的なつながりが強い。さらにイランへの経済制裁が強化されるということになれば、日本の資源外交にも無視できない影響が及ぶ恐れがある。

内戦で産油量が2割も減ったナイジェリア

有力産油国のひとつ、西アフリカのナイジェリアの政情不安も、最近の原油価格の高騰に影響を及ぼしている。

ナイジェリアは、原油の埋蔵量で世界第10位を誇るアフリカ最大の産油国であり、OPEC（石油輸出国機構）にも加盟している。新規油田の開発や製油所の建設ラッシュに伴い原油の産出量は年々増加しており、2006年は1億1920万トンにも達する。

ナイジェリアはロシアと同様、原油の国際価格に左右されやすい経済構造となっている。原油の国際価格が上昇すると、原油の輸出金額が増加し（ナイジェリアの輸出金額の96・4％が原油で占められる）、それが企業収益や雇用・所得環境に波及して経済成長率が上向く仕組みだ。実際、これまでの実質GDP成長率は、原油の国際価格の動向と密接に連動している。国際市場における原油価格高騰の恩恵を受けて、2006年の実質経済成長率は前年比5・3％増の高い伸びを示した。

高成長が続くなかで、通貨ナイラの価値も安定してくるようになった。このため、ナイジェリア中央銀行は2008年8月から、現在の100ナイラを1ナイラとするデノミネーション（通貨の呼称単位の変更）を実施する。

近年、ナイジェリア産の原油の輸出先として、ウエイトを高めているのがインドである。モータリゼーションや工業化の進展によって原油需要が急拡大しているインドは、地理的に近接するアフリカ諸国からの原油調達を増やしている。インドはナイジェリアでの油田開発権益の取得にも積極的で、たとえば2005年11月には、最大手のインド国営石油・天然ガス公社（ONGC）が鉄鋼のミッタル・スチール（当時）と協力して、ナイジェリアの製油所に対して60億ドルの投資をすることを条件に、ナイジェリアにおける油田開発権益（生産量の見込みは日量65万バレル）を取得した。

ナイジェリアは原油価格高騰の恩恵を受けて高成長をしているのだが、ナイジェリアの原油については供給不安が強まっている。

ナイジェリアは、250以上の多民族で構成されており、もともと民族紛争が絶えない国であった。北部のイスラム教徒、南部のキリスト教徒の対立も根深い。

2006年1月以降は、ナイジェリアの油田地帯で、石油輸出によって得られた利益を地元民に還元するよう求める反政府組織武装勢力（ニジェール川流域で最大民族イジョー族）の攻撃が激化、パイプラインの破壊が相次いでいる。パイプラインの破壊によって、日量230万バレルであった同国の産油量は2割も減少することになった。内乱が先行きさらに激化するようであれば、油田の開発、製油所への投資などにも支障をきたし、同国の原油輸出に頼った高成長は短期的に難しくなる可能性がある。

また、内戦の激化によって原油の国際価格にも相当の上昇圧力がかかる。近年、ナイジェリアは、原油頼みの成長のリスクを分散するために、液化天然ガスの開発・輸出にも力を入れている。

このように、有力産油国であるイランやナイジェリアなどで原油の供給不安が広がっていることが、近年の原油価格の高騰を招いた一因といえる。

オイル・サンドで台頭著しいベネズエラ

最近ではMENA（中東・北アフリカ）と呼ばれる地域以外でも、有力産油国が台頭してきている。そのひとつが中南米のベネズエラである。

ベネズエラ・ボリバル共和国は、1811年にスペインから独立した。1958年に民主政治の基盤が築かれ、現在は、1999年に就任した左派のウゴ・チャベス・フリアス氏が大統領となっている。

最近のベネズエラ経済は好調に推移しており、たとえば、2006年の実質経済成長率は前年比10・3%増の高い伸びを記録した。

ベネズエラの高成長を支えているのは、原油をはじめとする資源・エネルギー輸出の増加である。ベネズエラは世界有数の産油国で、2006年の原油生産量は1億4万5100トン、カナダに続いて世界第8位となっている。また原油の埋蔵量も豊富で、これまでに115億トンが確認されている。原油埋蔵量の世界ランキングは第6位だ。

これまで原油の国際価格が高水準で推移してきたこともあって、原油の輸出金額は急拡大している。現状、ベネズエラの輸出の9割は原油輸出で占められている。原油輸出の増加によって、経常収支の黒字は急速に膨らんでおり、2006年は名目GDPに対する比率で15・0％を記録した。

また、ベネズエラでは、オリノコ川の沿岸地域を中心に超重質油の「オイル・サンド」も大量に産出する。

「オイル・サンド」とは、流動性のない高粘度の重質油を含んだ砂や砂岩のことで、原油に比べて埋蔵量が豊富であることから、原油の代替エネルギーのひとつとして注目されている。「オイル・サンド」の埋蔵量は推定2兆バレルといわれ、そのほとんどがカナダとベネズエラに集中する。

そのほか、ベネズエラでは天然ガス、鉄鉱石、ボーキサイト、金、ダイヤモンドなどの資源も豊富に存在する。

このように、ベネズエラは資源・エネルギー輸出の増加をテコに高成長を続けているが、国内需要のほうは力強さに欠ける。景気の拡大に伴って雇用・所得環境は改善傾向にあるが、失業率は依然として10％を超える高水準で推移しており、国内に多数の低所得層・貧困層を抱えている状態だ。

政府は、オイル・マネーで潤う財政資金の一部を貧困対策にあてて、無料の診療所の開設、無料の市民食堂の開設、公立学校の増設など貧困削減に向けて積極的な取り組みを行っている。貧困問題が解決に向かうまでには、なお相当の時間を要するとみられるが、こうした政府による一連の政策は貧困層から絶対的な支持を得ている。

ベネズエラのチャベス大統領（左派政権）は、米国型の資本主義が、所得格差の拡大、貧困層の増加の元凶であるとして、反米路線を明確に打ち出している。

ベネズエラは2006年7月に、ブラジルやアルゼンチンを盟主とするメルコスール（南米南部共同市場）の正式加盟国となったが、チャベス大統領はメルコスールによる反米路線の強化を訴えている。また同大統領は、2006年9月20日、国際連合総会で一般演説を行ったが、その際、米国のブッシュ大統領を「悪魔」と呼んで、反米路線を強調した。

またオイルマネーの一部を、近隣の南米諸国の左派政権に供給することで、南米における左派勢力の拡大を図っている。

油田が次々と見つかるブラジル

南米では、ベネズエラのほか、BRICsの一角を占めるブラジルでも原油生産が拡大している。

ブラジルの原油生産量の長期的な推移をみると、70年代までは低い水準にとどまっていたが、80年代から増加傾向をたどるようになり、90年代以降は産出量が急激に拡大している。90年代以降の原油産出量の増加は、もっぱら埋蔵量の多い大規模油田の発見が相次いだことによる。2006年の埋蔵量は80年時点に比べて9・2倍まで膨らんだ。

ブラジルにおける主な油田の発見の歴史を振り返ってみよう。ブラジルでは、国営石油会社のペトロブラスが原油の生産や開発を独占的に行っている。ペトロブラスは、1991年5月にリオデジャネイロ沖のカンポス湾で確認埋蔵量8億3000万バレルの海底油田を発見した。また、1997年7月には同社がセルジッピ州沖付近で新たに2つの油田を発見している。ひとつはサンフランシスコ川の河口付近で確認埋蔵量は2億2000万バレル。もうひとつは沖合から14キロメートル離れたところに位置し、確認埋蔵量は7000万バレルだ。

1999年9月には、リオデジャネイロ沖のサントス区域で確認埋蔵量7億バレルにのぼる大規模海底油田が発見された。

ブラジルは1998年から外資系企業に対しても、ブラジル国内での石油探索・採掘事業への参入を認めるようになり、現在、ペトロブラスは外国企業と協力しながら新たな油田開発を推進している。

最近でも油田の発見が相次いでおり、2005年1月にはエスピリトサント州の沖合で、3

月にはリオデジャネイロ沖でそれぞれ新たな油田が発見された。さらに、2005年末にはブラジルの国営石油会社ペトロブラスが、リオデジャネイロの大西洋沿岸の沖合に大規模な油田を発見した。この油田の可採埋蔵量は7億〜10億バレルに上るとみられる。

一方、国内の原油消費については、1973年に発生した石油ショックを経験してから、省エネが推進されるようになり、消費量は緩やかな増加にとどまっている。

省エネ政策の目玉は、サトウキビを原料とする代替エネルギーを増やすプロアルコル計画だ。同計画は石油ショック後の1975年11月に策定された。

最近では、自動車メーカー各社がフレックス燃料車を相次いで市場に投入している。フレックス燃料車とは、エタノールとガソリンの両エネルギーに対応可能なエンジンを備えた自動車のこと。エタノールはブラジルが有力産地のサトウキビを原料とし、価格がガソリンより安く安定しているうえ、環境に対する負荷も少ないという特徴がある。国際的な原油価格の高騰を反映してガソリン価格が上昇するようになってからは、フレックス燃料車が若者を中心に飛ぶように売れているという。フレックス車の販売台数は2006年で143万台。新車販売台数の78％がフレックス車で占められている。

原油生産が急増する一方、原油消費が緩やかな伸びにとどまっていることから、1980年には16・6％にすぎなかった原油の自給率は急激に上昇し、2006年は96・8％となった。

ブラジルは国内で必要となる原油をほぼ自国でまかなえるようになったわけだ。
今後、ブラジルは原油輸入国から原油輸出国に転換する公算が大きいといえよう。

もともと天然資源豊富なBRICsだが

一方、原油の需要の動向をみると、米国のガソリン需要が拡大していることに加えて、近年では、有力新興国でも原油の需要が急拡大するようになった。とくに中国、インドの原油需要の拡大が顕著である。

天然資源が乏しく、国内で消費するエネルギー・鉱物資源のほとんどを輸入に頼っている日本と異なり、中国とインドは豊かな天然資源に恵まれている。

両国とも広大な国土を持ち、立地条件が良好なため、各種の天然資源が豊富に眠っているのだ。

たとえば、2006年末時点における石炭の埋蔵量の世界シェアは、中国が12・6%、インドが10・2%となっており、中印両国で2割強を占める。中国には、遼寧省撫順市に有名な炭田がある。インドの炭田は、主に西ベンガル州やビハール州、オリッサ州などにあり、西ベンガル州とビハール州にまたがるダモダル川流域のダモダル炭田などが有名だ。

また、中印では鉱物資源も大量に産出する。中国には鞍山、本渓などの大規模鉱山が存在する。インドの鉄鉱石については、約35億トンの埋蔵量があるインド東部のジャルカンド州が有名だが、同州に隣接するオリッサ州、チャッティスガル州も鉄鉱石の有力産地だ。現在これらの地域では韓国のポスコなどの大手製鉄メーカーが相次いで製鉄所を建設している。

ただ近年では、中国、インドとも高成長が続いているため、天然資源の需要の増加ペースに国内の供給能力が追いつかなくなり、他国から調達する動きが強まりつつある。中印とも、各種の資源のなかで国内供給が深刻化しているのは原油だ。

原油の純輸入国に転じた中国

モータリゼーションや工業化の進展に伴い、中国の原油需要が急増している。2006年の原油消費量は前年比6・7％増の3億4980万トンに達した。

中国国内には大慶や勝利など多数の油田が存在するものの、いずれも老朽化が進んでいるため、短期的に原油の生産量を大幅に増やすことは困難な状況だ。石油埋蔵量も期待薄となっている。内陸部で新たな油層が発見される可能性はあるが、現時点で把握されている埋蔵量は、年間国内消費の6・4年分にすぎない。

不足分を補うため海外からの原油調達は年々急速に増加しており、1994年以降中国は原油の純輸入国へと転じている。原油の輸入依存度は2006年に約47・5％に達した。

中国は省エネを進めることで原油消費量の抑制を図っているが、２００８年開催の北京オリンピックや２０１０年開催の上海万博などのビッグ・イベントを前に原油需要の拡大に歯止めをかけることは難しいだろう。

原油需要の増加に拍車をかけているのが、政府による原油備蓄政策である。原油不足が深刻化するなか、中国政府は原油タンクを整備し、原油の本格的な備蓄を開始した。

中国の備蓄に関する情報は不足しているが、２００４年から石油備蓄施設４カ所の建設を始めたといわれる。

浙江省の鎮海港と舟山港にある備蓄施設はすでに完成している。また、黄島と大連の残り2カ所も北京オリンピックが開催される２００８年までには完成する見通しだ。

4つの備蓄施設がすべて完成すれば、総計１０００万トンもの原油の備蓄が可能になる。さらに、２８００万トンの備蓄施設を新規に建設することも検討されている。

中国政府は長期的に、主要先進国と同じレベルとなる原油・石油製品輸入の90日分の備蓄を目指している。

原油の国際価格が上昇している局面では備蓄用の原油調達を手控え、原油価格が安定している局面で備蓄用の原油を積極的に調達するとみられる。

中国でエネルギー効率が改善することを前提にしても、原油の輸入依存度は年々上昇傾向をたどり、2020年には70・9%にまで高まると予測される。

インドの原油輸入依存度も7割まで上昇

一方、インドの原油消費量は70年代から90年代前半までは比較的緩やかな伸びにとどまっていたが、90年代後半から顕著に増加し始め、2006年は年間1億2030万トンと、95年時点（7520万トン）に比べて約1・6倍の規模へと膨らんだ。

最近でも需要拡大の勢いにスローダウンの兆しはみられない。現在インドは世界第6位、アジアのなかでは中国、日本に次ぐ第3位の原油消費大国となっている。

インドの原油需要が急増している背景として、経済発展に伴う生活水準の向上により国民の消費活動が高度化し、家庭用電化製品や自動車など耐久消費財の生産・販売が拡大していることが挙げられる。

とくに自動車については、富裕層の購買意欲が高まっており、販売台数が大きく拡大している。自動車販売が好調に推移するなか、ガソリン需要のほうも急増している。

一方、原油の生産量は①インド国内に大規模な油田が存在しないこと、②油田の老朽化が進んでいること、などからあまり伸びていない。

不足分の原油を補うため海外からの原油調達は増える一方だ。原油輸入が拡大するなか、95

年時点で49・8％にとどまっていた原油の輸入依存度（原油消費量に占める原油輸入量の割合）は２００６年に68・9％へと高まった。

現在の自動車保有率の低さや将来見込まれる交通基盤の整備・中間層の台頭などを踏まえると、インドのモータリゼーションは急速に発展することが予想され、それに伴い原油需要は中長期的にも拡大傾向をたどる可能性が高い。

インド石油・天然ガス省の見通しによれば、インドの原油消費量は２０１２年には２００５年に比べて１・４倍の規模へと膨らむ。

そして２０１２年には原油の輸入依存度は75・6％にまで高まると予測される。

中国とインドの熾烈な争奪戦

原油不足が深刻化するなか、中国とインドの政府及び石油メジャー各社は、原油を国内に安定供給して高い経済成長を維持するため、海外での油田開発参加や権益取得を急いでいる。

最近の事例を挙げると、たとえばインド最大の石油開発会社であるインド国営石油・天然ガス公社（ＯＮＧＣ）は、すでにスーダンやリビアなどの油田開発利権を取得したほか、ロシアでの油田開発権益取得も強化しようとしている。２００５年9月には、海外部門子会社を通じてキューバの油田開発権を取得、さらに同年11月にはベトナムでもプーカン油田の開発権を落札した。また国営インド石油会社（ＩＯＣ）も、２００４年11月、イラン国営石油公社（ＮＩＯＣ）の子会社ペトロパルスとの間でサウス・パルス・ガス田の開発とガス液化プラント建設を手がける共同事業（総額30億ドル）に出資することで合意した。

インドは２０１０年までに海外での原油生産量を現在の約4倍まで拡大する計画だ。

ペトロチャイナなど中国の石油メジャーも資源確保のために積極的な海外展開を図っており、中国とインドの海外での石油資源獲得をめぐる争いは今後一段と激しさを増すことが予想される。

現状では、海外の油田開発権益入札などで争った場合、インドの石油会社が規模の大きい中国の石油会社に負けるケースが多い。たとえば、カザフスタンに油田の権益をもつカナダ企業ペトロカザフスタンをめぐる買収では、インド国営石油・天然ガス公社（ＯＮＧＣ）と中国石油天然気集団（ＣＮＰＣ）が争い、ＯＮＧＣが敗れた。

インド政府は中国との競争に備えて国営石油会社の再編を目指している。将来的には、現在12社となっている国営石油会社を2〜3社へと統合する予定だ。

中印の歩み寄りは原油急騰の歯止めに？

最近では、これまで海外の油田開発をめぐって熾烈な争いを続けてきた中国とインドがエネルギー分野で協力するという新たな動きが出てきた。

2006年1月12日、インドのアイヤル石油・天然ガス相は中国を訪問、中国国家発展改革委員会の馬凱主任と会談した。

この会談で、中印両国は、海外油田の共同開発や定期協議の開催などエネルギー分野で幅広く協力することで合意に達した。具体的な合意内容は、①中国東北部の大慶油田での技術開発にインドが協力する、②インド国営石油・天然ガス公社（ONGC）と中国石油天然気集団（CNPC）の間で情報を共有する、③インド天然ガス輸送公社（GAIL）と中国海洋石油（CNOOC）、中国石油化工（シノペック）、北京天然ガス集団で事業協力する、④インド天然ガス輸送公社と中国石油天然気集団で液化天然ガス（LNG）パイプライン事業を協力する、などとなっている。

今後中印両国のエネルギー担当者は最低年1回以上会談し、具体的なエネルギー分野での協力を協議していく。

先に述べたとおり、油田開発の権益をめぐる競争では、資本力で劣るインド企業が中国企業に連戦連敗してきていたため、今回の合意はインドが中国に歩み寄るかたちで実現したといえる。

中国側にとってもインドと協力すれば、産油国との油田開発権益落札の価格交渉を有利に進めることができるというメリットがある。油田権益の入札で中印両国が競合することがなくなれば、原油価格の急激な上昇も避けられるので、先進国にとってもエネルギー分野での中印の協力は望ましいといえるだろう。

そして値上がりする生活必需品

風邪をひいてしまった良雄さんは、やむを得ず会社を休むことにした。

鼻水がとまらず、ティッシュペーパーで何度も鼻をかんでいると、妻の佳子さんに「ティッシュペーパーをあまり無駄遣いしないでよね。値段が上がっているんだから」と言われてしまった。

「そんなこと言っても、鼻水が出てしまうものは仕方ないだろう」と反論したが、良雄さんはティッシュペーパーの値段が上がっていることを知って、またビックリしてしまった。

背景には、原油高がティッシュペーパーや一部の食品などの価格引き上げにつながっていることがある。ティッシュペーパーやトイレットペーパーの製造工程では、燃料として大量の重油が使われるし、カップめんなどのインスタント食品にも包装資材の原材料として原油が使われているからだ。原油高はガソリンの値段だけでなく、それ以外の日常生活用品にも影響を広げているのだ。

良雄「そういえば段ボールの値段も上がっているな。これも原油価格が上昇していることが影響しているのかな」

佳子「新聞に業界最大手の王子製紙やレンゴーがコスト高で段ボールの値上げに踏み切ったと書いてあったわ。段ボールの原料は、古紙や重油なのよね」

良雄「バイク便の料金もなにげに上がっているぞ。このあいだバイク便に連絡して、取引先に大事な書類を届けてもらおうと思ったら、料金が上がっていてびっくりしたよ。書類を取りに来たバイク便ライダーの子に事情を聞いたところ、ライダーの人たちはバイク便の会社と請負契約を結んでいるらしいんだ。ガソリン代などバイクの維持費はライダーが自分で負担するらしいんだけど、ガソリン代が上がっているので、前と同じ給料だと、実質的に給料が下がってしまうんだって。それではバイク便ライダーが生活に困るというので、バイク便の会社がライダーの給料を引き上げて、その分のコストがバイク便の料金に上乗せされているそうだ」

このまま原油価格の上昇が続けば家計の負担が増えることが予想され、個人消費にも悪影響が及んでくるだろう。

原油高の影響で生活必需品の値段が上がれば、レジャーなど他の消費に回すお金がなくなってしまうからだ。

また、世界的な視点でみると、原油の需要が拡大を続ければ、いつかは原油が枯渇することになってしまうかもしれない。

そうした状況下、近年、原油に代わるエネルギーとして注目されるようになってきたのが天然ガスやバイオ燃料である。

良雄「マヨネーズの値段も上がっているぞ。原油にかわるバイオ燃料が注目されているので、ブラジルなどの農家が、大豆からトウモロコシに転作していることが背景にあるみたいだ。マヨネーズの原料は植物油で、植物油は大豆からとるんだよね」

佳子「トウモロコシはバイオ燃料の原料になるのよね。これまでトウモロコシは、牛や豚の飼料に使われていたのに、それがバイオ燃料にまわされるようになったので、飼料の値段も上がってきているらしいわ。その飼料を食べる豚の値段も上がって、それでハムやソーセージの値段も上がってきているわけね」

そこで、次の第4章では、バイオ燃料や天然ガスについて詳しくみていくことにする。

第4章　CO_2とオレンジジュース

果汁100%のジュースを一斉値上げ

コーヒー党の良雄さんは、毎朝コーヒーを飲むことを習慣にしているが、ある朝、気分を変えるために、朝食に合わせてオレンジジュースを飲むことにした。

オレンジジュースを一口飲んだ良雄さんは、佳子さんに文句を言った。「もっと果汁の濃いジュースが飲みたいのに、これ果汁10%じゃないか」

佳子「だって、果汁100%のオレンジジュースは値上がりしているんだもの。我慢してよ」

良雄「えっ、オレンジジュースも値上がりしているの?」

2007年5月から、日本の大手乳業各社が果汁飲料の値上げを実施するようになった。近所のスーパーやコンビニエンスストアで、パック入りのジュースを購入した際、値段が上がっていることに気づいた読者も多いのではないか。

たとえば、明治乳業は、5月1日から果汁100%のジュース(1リットル入り)4種類を20円値上げした。

森永乳業も、果汁100%のジュース4種類について、500ミリリットル入りで10円、1リットル入りで20円の値上げをした。日本ミルクコミュニティや小岩井乳業なども5月下旬から値上げをした。各社の果汁飲料の値上げ率は10％前後になる。

今回、果汁飲料の値上げが実施された背景には、原料となるオレンジ果汁やグレープフルーツ果汁、リンゴ果汁の仕入れ価格が高騰していることがある。

各社とも、コストを自社で負担することが難しくなったため、やむを得ずコスト上昇分の一部を製品価格に転嫁したというわけだ。

では、なぜ果汁の仕入れ価格が高騰しているのだろうか？

実は、果汁の仕入れ価格の上昇には、やはりＢＲＩＣｓ（ブラジル、ロシア、インド、中国）の経済が強く影響している。

なぜオレンジ栽培よりもサトウキビ？

まず、供給側の要因についてみると、オレンジ果汁などの主要産地となっているブラジルにおいてオレンジ栽培農家の転作が進み、生産量が減少していることがある。

近年、ブラジルでは、これまでオレンジやグレープフルーツなどを栽培していた農家が、相次いでサトウキビの栽培に切り替えるようになっている。

これは、サトウキビがバイオエタノールの原料として注目されているためだ。原油をはじめとする化石燃料の国際価格が上昇するなかで、世界的にバイオ燃料への需要が高まっている。

また、世界的に環境保全が叫ばれるなか、バイオ燃料は化石燃料に比べて、二酸化炭素が排出されず環境に対する負荷が小さいので、化石燃料からバイオ燃料へのシフトが進んでいるという側面もある（バイオ燃料の原料となる植物は太陽光を利用して光合成を行っているので、すでに二酸化炭素を吸収している。それを燃料として燃やすと、二酸化炭素が発生するが、それはすでに吸収していた二酸化炭素が外に出ただけなので、全体としては二酸化炭素の排出量がゼロということになるのだ）。

米国では、ガソリンの代替燃料としてエタノールを普及させようとしているが、原料となるトウモロコシの価格が高騰しており、生産拡大に限界がある。このため米国はエタノール大国のブラジルに接近して、エタノールを確保しようとしているのだ。

ブラジル国内でも、エタノールを燃料に使うフレックス燃料車の販売が大きく伸びている。このような国内外の潮流に対応する形で、オレンジなどからサトウキビに転作する農家が増えているというわけだ。同様の動きは、ブラジルだけではなく、アルゼンチンなど他の南米の農業国でも広がってきている。

実際に、ブラジルの農家の耕地面積の推移をみてみよう。オレンジの耕地面積は年々減少傾向となっており、直近の２００５年は80万４０００ヘクタールと、前年に比べて２・４％減少した。耕地面積の減少によって、オレンジの生産量も低迷している。ブラジルの２００５年の

図表 4-1　ブラジルの耕地面積

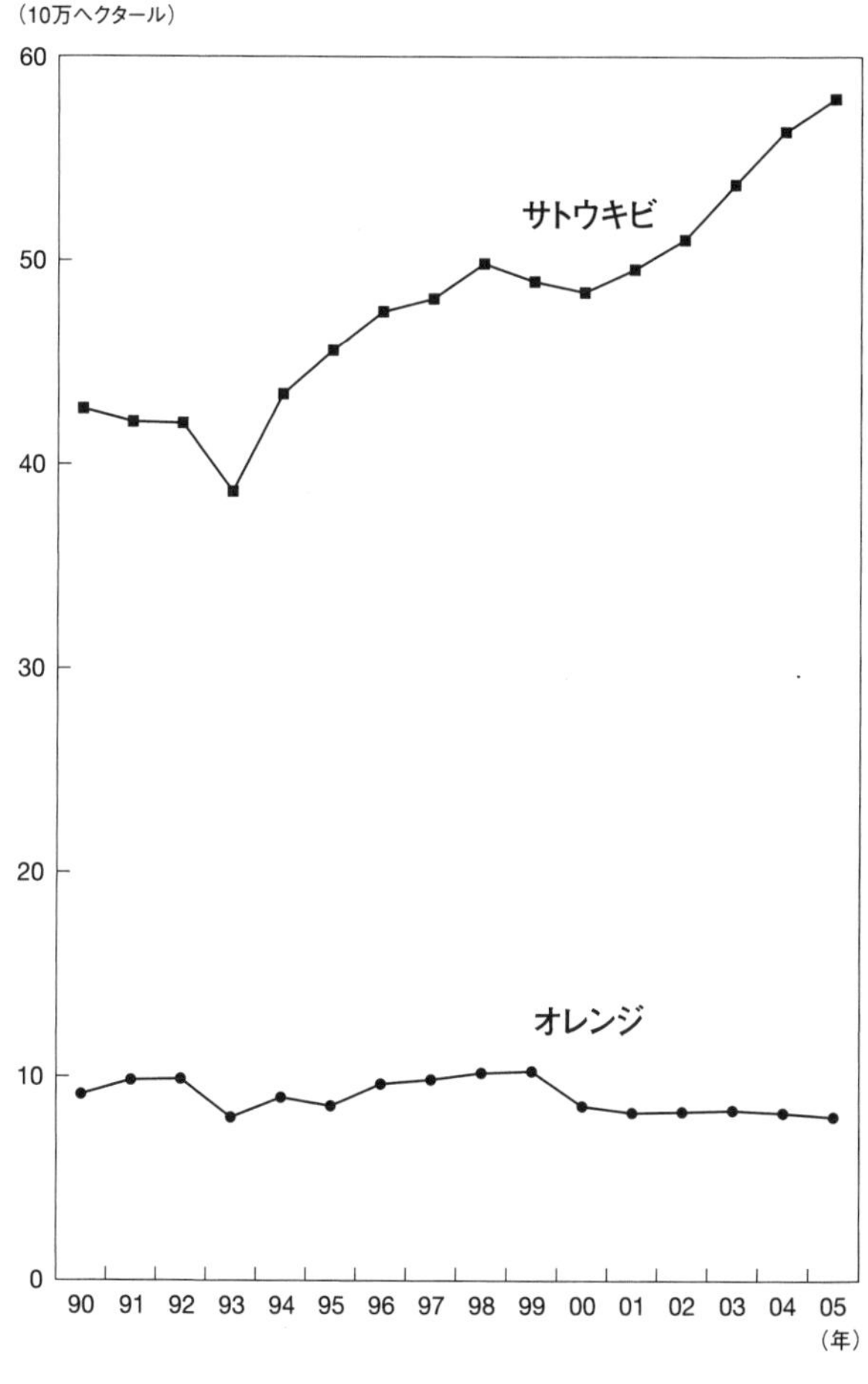

（出所）FAO資料より作成

オレンジ生産量は前年比2・5%の減少となった（図表4－1）。

一方、オレンジとは対照的にサトウキビの耕地面積は急激に増加している。2005年は、579万4000ヘクタールと、前年に比べて2・9%も拡大した。耕地面積の増加によって、サトウキビの生産量も増加しており、2005年は前年比1・9%増を記録した。

ジュースも飲みはじめたBRICs富裕層

次に、需要側の要因についてみると、経済発展の著しいBRICs各国では、近年、オレンジジュースやグレープフルーツなどの果汁飲料を朝食などに合わせて日常的に飲む国民が増えている。これは所得水準の向上に伴って、富裕層やそれに準じるニューリッチ層が台頭し、食生活の西洋化が進んでいるためだ。

BRICs各国はいずれも人口規模が突出して大きいため、国民の間でオレンジジュースやグレープフルーツジュースを飲む習慣が広がると、果汁の世界需要を大きく押し上げることになる。

BRICs4カ国のなかでも、最近、果汁飲料の消費量が著しく伸びているのが中国（沿岸部）とロシアの2カ国だ。

中国やロシアでは、オレンジなどの国内生産量が少ないため、国内で果汁飲料の消費量が増えると、原料の果汁を海外から調達することになる。

2005年の中国のオレンジ輸入量は前年比4・1%増となった。また、ロシアのオレンジ輸入量は、2005年に前年比67・5%増と急拡大している。

オレンジやグレープフルーツなど農産物の生産量は天候要因にも左右されるため、果汁の仕入れ価格は短期的に大きく変動する。

だから、一時的に果汁の仕入れ価格が上昇することがあっても、すぐに製品価格の値上げが実施されるということにはならない。

しかし、これまでみてきたとおり、現在、果汁の仕入れ価格を上昇させている供給側や需要側の要因は、BRICsの台頭による構造的な要因であることから、果汁の仕入れ価格には、短期のみならず中長期でも上昇圧力がかかってくる可能性が高いといえる。

今回、日本の大手乳業各社が果汁飲料の値上げに踏み切ったのも、仕入れ価格の高騰が天候要因などといった一時的なものではなく、その背後にBRICsという大きな構造要因が横たわっていると判断したためと考えられる。

ブラジル・エタノール車市場への外資参入

現在、ブラジルではフレックス燃料車（フレックス燃料車については第3章を参照してください）の販売が急拡大している。国際的な原油価格の高騰を反映して、ガソリン価格が上昇するようになったので、ガソリンよりも値段の安いバイオエタノールに燃料を自在にチェンジできるフレックス燃料車が人気を集めているのだ。

バイオエタノールはガソリンに比べると発熱量が小さいため、その分燃費は悪くなるが、値段はガソリンの5～6割程度にすぎない。

とくに、サトウキビ畑が集中するサンパウロ周辺地域では、バイオエタノールの輸送コストがかからないため、ガソリンスタンドにおけるエタノールの販売価格が他地域に比べて安い値段に据え置かれており、ほとんどの人がフレックス燃料車を購入して、燃料はバイオエタノールを選ぶ。

フレックス燃料車を購入する際にかかる税率も14％とガソリン車の16％に比べて低く設定されており、これもフレックス燃料車の需要拡大に拍車をかけている。

ブラジルでフレックス燃料車に対する需要が高まっていることを受けて、日本を含めた外国の自動車メーカーもフレックス燃料車を投入するようになってきた。フレックス燃料車については、欧米の自動車メーカーがいち早く目をつけて、ブラジル市場に進出していった。

日本の自動車メーカーも、最近になって、競うようにフレックス燃料車を投入している。たとえば、日本のホンダは、２００６年11月からブラジルにバイオエタノール１００％で走行できるフレキシブルフューエル自動車（FFV）を導入した。車種は「シビック」と「フィット」をベースにした2種類だ。

一方、トヨタ自動車は、2007年5月下旬からFFV車の販売を開始した。ベースとなる車種は「カローラ」である。

また、三菱自動車も2007年7月にFFV車をブラジルに投入した。同社はSUV車の「パジェロTR4」をベースにして、燃料タンクなどの仕様を変えたうえで、現地のメーカーに生産委託をする。日産自動車も近くブラジルにFFV車を投入する計画だ。

ただ、国際的なバイオエタノール人気の高まりを受けて、それまで他の作物を栽培していたブラジルの農家が次々にサトウキビに転作をするようになってきた。

このため、大豆やかんきつ類、コーヒーなどの収穫量が減ってきており、これが国際的な食料価格の上昇を招く一因にもなっている。

バイオ燃料の一大拠点を目指すインドネシア

2006年7月、インドネシアのユドヨノ大統領は、大規模なバイオ燃料関連の国家プロジェクトを発表した。このプロジェクトには、総額で10兆ルピアにも上る巨額資金が投入される予定になっている。

インドネシアはアジア有数の産油国だが、近年ではモータリゼーションの急速な進展などによって国内の原油需要が高まっており、原油や石油関連製品を海外から輸入する動きが強まっている。

原油の国際価格が高騰するような局面では、インドネシアにおいて国内物価が急激に上昇したり、貿易赤字が発生する恐れがある。

そこで、石油に代わる次世代のバイオ・エネルギーを国家主導で開発しようという動きが出てきたというわけだ。インドネシア政府はバイオ燃料プロジェクトを手がける企業に対して免税措置を実施するほか、一部の都市の公共交通などでバイオ燃料の使用を義務付けるなどの政策を推進していく。

バイオ燃料の分野ではブラジルやアルゼンチンなど南米の国々が有名だが、熱帯雨林気候のインドネシアにおいても、ヤシやキャッサバなどバイオ燃料の原料となる植物が豊富にある。とくにパーム油については、その生産量がマレーシアに次いで世界第2位、世界全体の生産量の実に42・2％を占めている。

バイオディーゼル燃料として使えるパーム油は、軽油の代替エネルギーとして世界的に注目されている。

貧困にあえぐ農民の収入を増やすことを目的に、バイオ燃料の原料となる植物の作付面積を増やす計画もあるため、将来的には、インドネシアがマレーシアを抜いて世界最大のパーム油の生産拠点になることが見込まれている。

インドネシア政府は、バイオ燃料の植物栽培を拡大することなどによって、400万人の新規雇用が生まれるとみている。

インドネシア政府がバイオ燃料の開発プロジェクトに本腰を入れるなかで、海外の企業もバイオ燃料プロジェクトに積極的に参加するようになってきた。

インドネシア政府は、50社以上の海外の企業（投資総額は124億ドル）がバイオ燃料のプロジェクトに進出するとみている。たとえば、中国の大手石油会社である中国海洋石油（CNOOC）は、インドネシアにバイオ燃料の農園や生産工場を建設する予定だ。英国のBP社（British Petroleum、イギリス石油）も、インドネシアで大型のバイオ燃料工場を建設する計画を発表している。

日本では、伊藤忠商事や三菱商事、三井物産などの大手総合商社がインドネシアのバイオ燃料プロジェクトに進出する予定となっており、相次いでバイオ燃料の工場の建設計画が出ている。伊藤忠商事は2007年中にも工場を建設する予定だ。

原油などエネルギー資源の少ない日本は、インドネシアで作られたバイオ燃料を輸入することによって、貴重なエネルギー資源を確保することができる。

インドネシアには、スマトラ島やカリマンタン島など未開拓となっている地域がたくさん存在するので、将来、未開拓地の開発が進んでいけば、インドネシアがアジア最大のバイオ燃料拠点になる可能性もあるといえる。

いま天然ガスの需要が拡大する理由

近年、世界規模で天然ガスに対する需要が高まっている。BP社によると、2006年の世界の天然ガス消費量は前年比2・5％増の2兆8508億立方メートルと過去最高水準に達した。

天然ガス需要拡大の背景として、①高成長を続ける中国やインドなどで石炭・石油の需要が急拡大して需給が逼迫、エネルギー不足が深刻化したことが挙げられる。また、②これまでの各国による石炭・石油の大量消費によって、大気汚染をはじめとする環境問題が深刻化しつつあり、環境保護という観点からクリーンで効率のよい天然ガスが注目されているという側面もある（天然ガスは石炭・石油に比べて、燃焼したときの二酸化炭素、硫黄酸化物、窒素酸化物の排出量が少ない）。さらに、③天然ガスの供給地は世界に分散しているため、先進国にとっては、石油のようにエネルギー需要を中東一極に依存するリスクを減らせるといったメリットもある。

従来の化石燃料から天然ガスへのシフトは着実に進展しており、化石燃料需要（石油＋石炭＋天然ガス）に占める天然ガスのウエイトは、80年の21・5％から2006年には26・9％へと高まった。

ロシアで強まる資源の国家統制

こうした世界的な天然ガス需要の高まりを受けて、ロシア、米国、カナダ、インドネシアといった主要天然ガス供給国では生産能力の強化を図る動きが出ている。前出のBP社によると、2006年における世界の天然ガス生産量は、前年比3・0％増の2兆8653億立方メートルとなった。

重量ベースで原油の生産量を上回って高水準で推移してきたロシアの天然ガス生産量は、2002年頃から再び増勢傾向が鮮明となり、2006年は前年比2・4％増の5億5090トン（6121億立方メートル）を記録した。ただし、需要に生産が追いついていないことから、天然ガスの国際価格は上昇傾向にある。ロシアは巨額の貿易黒字を計上しているが、そのほとんどは価格が上昇傾向にある原油と天然ガスの輸出によって稼ぎ出されたものだ。

ロシアは、サウジアラビアに次ぐ世界第2位の産油国であるが、天然ガスでは世界最大の生産国となっている。2006年は、世界の天然ガス生産量の21・3％がロシアによって占められた。

しかも、ロシアの天然ガス埋蔵量は確認されているだけで48兆立方メートルもあり（世界全体の埋蔵量の26・3％を占める）、今後の天然ガス開発余地は非常に大きいといえる（図表4－2）。

国内で消費する原油の9割を中東に依存する日本も、ロシアとの共同開発によって同国からの天然ガスの安定供給を確保しようとしている。日本とロシアは、サハリン沖の石油・天然ガス開発計画「サハリン1」と「サハリン2」で協力関係を結んでおり、欧米企業も含めてプロジェクトが進行中だ。

産出した天然ガスを液化ガス（LNG）にして貨物船で運搬する形式をとる「サハリン2」プロジェクトについては、2005年2月に東京ガスがLNGの購入契約を正式に結ぶなど、ロシアから日本への天然ガス供給が実現する方向に向かっている。

一方、ロシアから日本海まで海底パイプラインを敷く計画となっている「サハリン1」プロジェクトについては、パイプライン敷設のコストが高いこともあって、いまのところ日本国内で大口需要家が出ていない。業を煮やしたロシアは、中国との間で「サハリン1」の天然ガスの売却交渉を始めており、「サハリン1」の天然ガス権益は中国に奪われる可能性が出てきている。

図表 4-2 天然ガスの埋蔵量の世界ランキング（2006年）

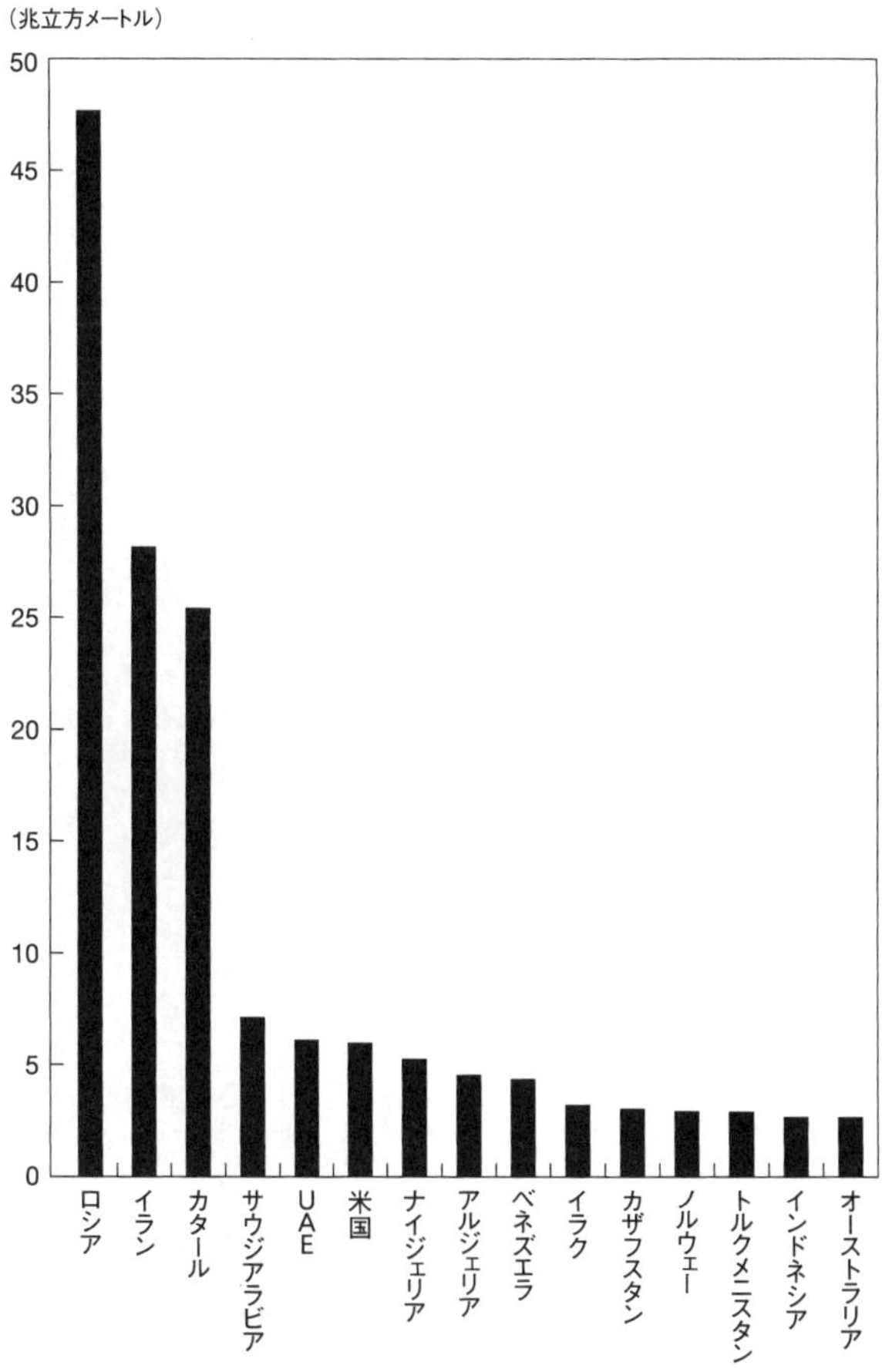

（出所）英国BP社資料より作成

日本がロシアと協力して石油・天然ガス開発を進めるうえで懸念されるのは、ロシアが最近になって、地下資源法を改正するなど各種エネルギー権益の国家管理を進めようとしている点である。

原油と天然ガスを戦略資源として重視するロシア政府は、国内の石油・ガス会社の競争力強化を図っている。2005年3月には、プーチン大統領の発案によって、世界最大の天然ガス企業ガスプロムが国営石油会社ロスネフチを吸収、欧米メジャー並みの強力なエネルギー企業が誕生した。新会社の経営権はロシア政府が握ることとなった。国営ガスプロムは、旧ソ連時代から適用してきた東欧向けのガス輸出に関する優遇措置を廃止、2006年から東欧諸国に供給する天然ガスの価格を大幅に引き上げる方針を打ち出した。

エネルギー事業に対する統制を強めるなか、「サハリン3」プロジェクトについては、ロシア側の資本比率が51%以上の企業でなければプロジェクトへの参加を認めないなど、政府は外国企業を排除する方針を明確に打ち出している。

こうしたロシアの戦略に対して外国企業は不信感を強めており、ロシアが現状の路線を維持していけば、先行きロシアに進出する外国企業が減少して、経済成長に無視できない悪影響が及ぶ可能性もある。

液化天然ガスの最大の輸出国はカタール

ロシアに匹敵する天然ガスの供給基地となっているのが、中東のカタールである。湾岸協力会議（GCC）の一角を占めるカタールは、人口74万人程度の小さな国だが、原油や天然ガスといった各種の資源に恵まれている。とくに天然ガスが豊富で、その埋蔵量はロシア、イランに続いて世界第3位となっている。液化天然ガス（LNG）の輸出量では、世界最大を誇る。日本もカタールから液化天然ガスを大量に輸入している。これまで、カタールの天然ガスのプラント建設では、千代田化工建設や日揮などが積極的に協力してきた。カタールは日本にとって、資源供給国として極めて重要なパートナーといえるだろう。

液化天然ガスの輸出拡大などによって、カタールの2006年の実質経済成長率は前年比8・8％増を記録した。今後も8〜10％の高成長路線が続く見通しだ。

カタールは液化天然ガスだけではなく、天然ガスから軽油などの液体燃料を生産するGTL（Gas to Liquids）の事業にも力を入れている。GTL軽油は環境に優しい自動車燃料として、世界各国が注目しているエネルギーだ。GTLの分野では、今後5年間で3200億ドルもの投資が行われる見込みである。

さらに、カタールはイベントの誘致にも力を入れており、2006年12月には、巨額の資金を投じて首都ドーハで第15回アジア競技大会を開催した。2016年に開催されるオリンピックの候補地としても、ドーハが立候補している。ドーハと聞くと、1993年のサッカーのワールドカップ（W杯）アジア最終予選の「ドーハの悲劇」を連想する人がいるかもしれない。だが、観光地としてみれば、ドーハはとても魅力的だ。

ただ、いいことばかりではない。カタール経済の抱えるリスクは、インフレ率が高まっていることだ。同国は通貨カタール・リヤルを米ドルに固定しているが、最近では米ドルが他国の通貨に対して下落しているため、カタール・リヤルも連れ安となっている。

この結果、ドル以外の通貨でモノを輸入する際の価格が上昇してインフレを引き起こしているのだ。2006年のインフレ率はなんと11・8％にも達した。インフレが沈静化しないようであれば、ドルに固定している現行の為替制度を放棄することになるかもしれない。

第5章 レアメタルをめぐるお国事情

ゴールドのETFが登場

良雄さんが、くたくたに疲れて会社から帰宅すると、佳子さんが甘ったれるような声で話しかけてきた。佳子さんがこんな調子で話しかけてくるときは、大抵、何かお願いごとがあるときだ。良雄さんは、いやな予感がした。

佳子「私、今日高校時代のお友達とランチを一緒にしたんだけど、彼女、18金のネックレスを身に付けていたのよ。これみよがしに。私なんか、プラスチック製の安物のネックレスなのに。だから、あなた、私にも18金のネックレス買ってよ」

良雄「ええっ！　なんでそうなるんだ。18金のネックレスっていったいいくらぐらいするんだ？　うちにはそんなお金はないよ」

佳子「だって、あなた、この間の日曜日、ゴールドに投資をしてみようかなって言っていたじゃない。ゴールドに投資をする余裕があるんだったら、私に金のネックレスを買ってよ」

良雄「あれは、資産運用のひとつとして、ゴールドに投資をしてもいいかなと思っただけで……」

佳子「なんで資産をゴールドで運用する必要があるの？」

良雄「それはだな、つまり、将来物価が上がったときのためさ。物価が上がってインフレーションになると、お金の価値が下がってしまうだろ。いままで100円で買えていたものが、200円出さないと買えなくなるかもしれないわけだ。そうすると、現金で資産を保有していたら、その価値がどんどん下がってしまう。そうしたことのないように、いまのうちから、究極の資産ともいえるゴールドで財産の一部を運用しておいたほうがいいというわけさ。世界の投資家がインフレを回避する目的で金に投資していたり、BRICsの国民がゴールドのアクセサリーをたくさん買っていることから、ゴールドの価値は近年、上昇しているんだよ」

佳子「ふうん。なんだか、よくわからないけど、それなら財産の一部を18金のネックレスにしてくれてもいいんじゃない？」

良雄さんは、また話がネックレスに戻ってきたので、話題を少しそらすことにした。

良雄「ゴールドといえば、このあいだ大阪証券取引所に、ゴールドのETFが上場したのを知っているかい？」

佳子「ああ、新聞に出ていたわ。2007年の8月よね？　私、ETFってなんのことだかよくわからないんだけど」

良雄「ETFというのは、ファンドそのものが証券取引所に上場されて、そこで取引されるインデックスタイプの投資信託のことだよ。たとえば、日経平均とかTOPIX（東証株価指数）とかの指数に連動した形のETFなどがあるんだ。ゴールドのETFは、まさにゴールドの価格に連動するファンドのことさ」

佳子「じゃあ、そのゴールドのETFは、金の地金と交換することもできるの？」

良雄「残念ながら、大阪証券取引所に上場したゴールドのETFは、金の地金と交換することはできないんだ。ただ、東京証券取引所が上場を検討しているゴールドのETFは、金の地金とも交換ができるらしいよ。早ければ、2008年の4月に、このETFが登場する」

佳子「どうせゴールドのETFを購入するのだったら、金の地金に交換できるほうがいいわね」

インドの膨大な金需要は持参金制度のため

いま、世界的にゴールドの需要が拡大している。2006年の世界のゴールドの需要量は3374トンにもなる。

読者のみなさんは、ゴールドがどういった目的で購入されているかご存じだろうか。ゴールドの需要は、以下の4つのタイプに分けることができる。すなわち、①宝飾（アクセサリー）

用、②投資用、③工業用（金は電気伝導が良いため様々な電気機械製品に使われている）、④歯科用の4つだ。金箔といった形で、ゴールドを食べてしまうケースもある。

これらのなかで最大の需要量となっているのが①の宝飾用で、ゴールドの全需要量の67・5％を占める。つまり、世界のゴールドの大半は、金のネックレスや指輪、ブレスレットといった形でセレブな女性たちに購入されているわけだ。

宝飾用の金消費が最も多い国はインドで、他国の消費量を凌駕《りょうが》する。2006年時点では世界各地で生産された金の22・9％がインドによって吸収された。

米国（13・4％）、中国（10・7％）、トルコ（7・3％）がそれに続き、日本の割合はたったの1・4％にすぎない。これまでジュエリーなどのかたちでインド国内に蓄積されたゴールドはなんと9000トンから1万トンにも及ぶ。

世界全体のゴールドのストックが14万5000トン程度なので、その6〜7％程度がインドによって占められている計算になるわけだ。

ここでひとつの疑問が出てくる。

なぜ、開発途上国に分類されるインドでこれほどゴールドの消費が盛んなのだろうか。インドは人口が11億人もいるので、ゴールドのアクセサリーを欲しがる人もそれなりにいるということなのだろうか。財閥の幹部クラスの奥さんなら、あるいはボリウッドの映画に出演する女優さんだったら、ゴールドのアクセサリーをたくさん身に付けていてもおかしくはない。でも、インドにセレブな女性がそんなにたくさんいるとは思えない。今日、明日の食事の心配をしなくてはならない人が大半なのだから。

実は、インドでゴールドのアクセサリーがこんなにたくさん必要とされる大きな理由として、国民の8割が信仰するヒンドゥー教の影響を指摘することができる。

ヒンドゥー教の世界においては、女性は土地資産を相続することができないのだ。そのため農村部では、娘が結婚する際、親が花嫁に高価な金や銀のアクセサリーを持たせて他家に嫁がせることが一般的な風習となっている。これをダウリー制度（持参金制度）という。ダウリー制度の存在がインドの膨大な金需要につながっているといえるだろう。

インドの婚礼シーズンは9月なので、8月から9月にかけてはゴールドの宝飾品需要が大幅に増加するという特徴がある。

しかし、この制度は社会的には大きな問題を抱えている。女性の生家側にとっては非常に大きな経済負担となるためだ。

インドには「娘を3人持つと家がつぶれる」という諺《ことわざ》がある。娘が結婚するたびに、結婚相手の家に多額の持参金や品物を贈らなくてはならず、その結果、3人目の娘が結婚するときには、家が破産してしまうというのだ。現実の世界でも、諺どおりのことが起こっており、ダウリーが原因で莫大な借金を抱える家庭は多い。女性の生家側は婿に対してだけでなく、一緒に暮らしている親族への贈り物も用意しなくてはならない。

しかも金品の要求は結婚時だけでなく、何年にもわたって続く。女性の生家が拒否すると妻が虐待されたり、額が少ないといって生家が火をつけられたり、殺害されることもある。さらに、夫の生家から要求された額を支払うことができずに、花嫁やその一家が自殺をするケースもある（毎年6000〜7000件程度のダウリー自殺が発生）。

ダウリー制度は1961年に法律で禁止されたが、その慣習は農村部を中心に現在でも根強く残っている。男性優位の考え方がインド社会に深く浸透していることがこうした悪習がなくならない大きな要因といえよう。インドでは、1991年から2001年までの間に、女児の人口が大幅に減少しているが、その原因のひとつにダウリーの問題があると指摘されている。インドにおける女性の地位を向上させていくには、ダウリー制度を改めていくことが不可欠だ。

またヒンドゥー教では、宝石などの光りモノが繁栄をもたらすとされ、ヒンドゥー教徒は金製の宝飾品を好んで身につけるという。さらに、少数部族の間では、金が主要なモノとの交換手段となっており、金の貯蔵が欠かせない。

インド国内には約10万もの金加工業者が存在し、50万人の雇用が創出されている。輸入された金塊は、加工業者の手によって様々なジュエリーに姿を変え、国内で販売されるほか、一部は海外への輸出にあてられる。

中国でも宝飾用・投資用に需要拡大

前述したとおり、宝飾用の金消費が最も多い国は、ダウリー（持参金）制の慣習が残っているインドだが、中国も米国に続く世界第3位の金消費量を誇る。

中国の宝飾用のゴールド需要は、近年急増しており、2006年は244・7トンにも達した（図表5－1）。

もともと中国人は、金のアクセサリーを好む国民性を持っているので、人々の生活水準の向上によって金購買層の裾野に広がりが見え始めてきたと考えられる。中国には、慶事に、親戚に金を配る習慣もある。

また、中国では宝飾用需要に加えて、投資目的での金の購入も増えてきている。投資目的の金需要は、2006年に14・9トンとなった。

投資需要の増加は、政府の規制緩和政策によるところが大きい。これまでは中国人民銀行が金の取り扱いを独占的に行い、個人投資家の金への投資は制限されていた。しかし、中国当局は、2002年10月に上海に金取引所を設置し、金の取り扱いを民間に開放するようになった。

図表 5-1 中国の金需要

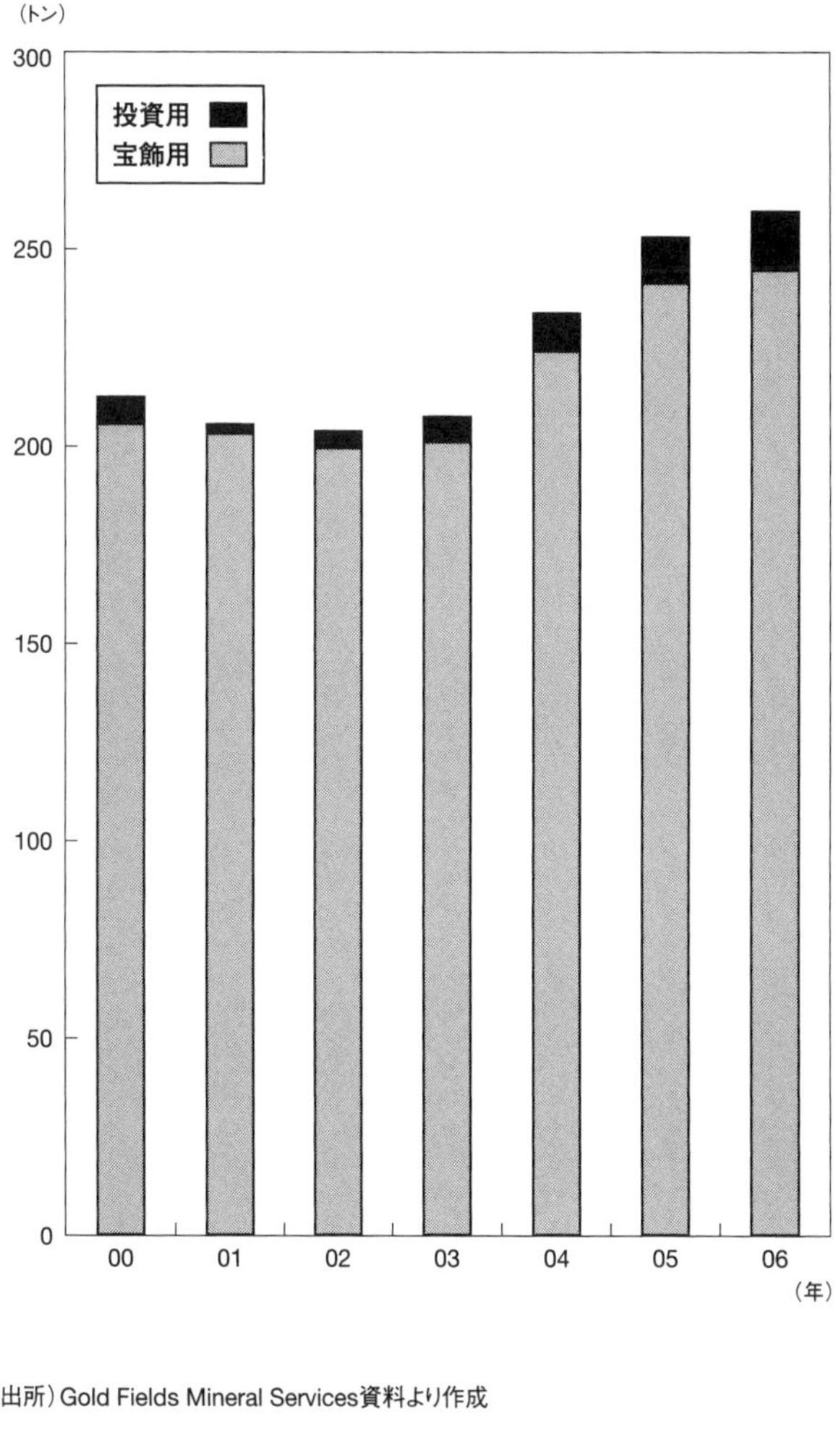

（出所）Gold Fields Mineral Services資料より作成

現在、当局は、中国銀行など複数の商業銀行に金の取り扱い業務を認可している。

ただし、個人投資家は現物での金の受け渡しはできない。個人が金に投資する場合には、金の販売を取り扱っている銀行で口座を開設、一定額以上の人民元または外貨を振り込むことで間接的に金の売買を行う。市況を見ながら低い価格で購入、高い価格で転売して利益を得るという仕組みだ。当初は最低取引量が1キログラムであったが、2004年6月には、50グラムに、直近では10グラムまで引き下げられており、個人が金に投資しやすい環境が整いつつある。

個人向けの金投資商品として人気が高いのが、中国銀行が取り扱っている「黄金宝」だ。同商品は、2003年に上海で試験的な販売がスタート。2005年からは正式に販売されるようになった。個人投資家は「黄金宝」を財テクのひとつとして位置づけており、多額の資金を金投資に振り向けている。

2007年9月には、中国の証券監督管理委員会が上海先物取引所で金の先物取引を認可した。先物取引が認められたことで、投資家は金の価格変動のリスクを回避することが可能になってくる。

さらに、今後は中国人民銀行による金の購入も増えてくる可能性がある。輸出の増加などを背景に、中国の外貨準備高は急増しており、2000年末の1655・7億ドルから2007年6月末時点には1兆3326億ドルへと約8倍にも膨らんだ。現在、中国の外貨準備高は、日本を抜いて世界トップである。

外貨準備高がこれだけ巨大化すると、ドル安が進展した場合の資産価値の損失リスクも無視できないほど大きなものとなる。当局は外貨準備資産を分散させる方針を示しているが、金も資産分散の対象になるとみられる。

足元の金の国際価格は急騰しているが、こうした中国要因が無視できない影響を及ぼしているといえよう。英国の調査会社、ゴールド・フィールズ・ミネラル・サービシズ（GFMS）は、宝飾用と投資用を合わせた中国の金需要が数年内にインドと並ぶ600トンまで拡大するとみている。

インフレで国民こぞって金を保有したトルコ

今度は世界第4位のアクセサリー用金需要国トルコにおける金消費のトレンドを眺めてみよう。

これまでのトルコの金消費の動向をみると、2004年頃から数量ベースの需要が大幅に増加しており、2006年は225・2トンとなった。

投資用とアクセサリー用に分けると、アクセサリー用の需要が圧倒的に多く、全体の73・4%がアクセサリー用で占められる。

トルコでは、500年の歴史を誇るオスマントルコ帝国の時代から、国民の間で美しい金細工などアクセサリー用の金に対する根強い需要があった。またトルコは、昔からサウジアラビアやUAEといった中東諸国向けの金の再輸出基地となっており、輸出向けの金の在庫も豊富にあった。

近年では、蓄財の一手段として金を購入する人が増えている。とくに、2000年から2001年にかけて、トルコが未曾有の金融危機に見舞われた時期には、毎年50%を超える激しいインフレが続いたこともあって、インフレ・ヘッジを目的とした金需要が大幅に拡大した。自国の通貨リラを現金で保有していても、インフレによってすぐに価値が下がってしまうため、ある程度のお金がたまるとすぐに外貨や金に交換する人が多かったのだ。富裕層でなくても、安全資産として金を保有する人の数は相当の数に上った。

2003年以降は、通貨価値の下落に歯止めがかかってきたことなどから、インフレ率が低下しており、インフレ・ヘッジを目的とした金の需要はそれほど大きく拡大しなくなった。その一方、経済成長によって国民の可処分所得が上昇したことから、中産階級などによるアクセサリー用の金需要が大きく拡大している。

今後も、トルコ経済の高成長が続くことが見込まれるなか、アクセサリー用の金需要は金額ベースで、拡大傾向で推移すると予測される。

図表 5-2 金の国際価格の推移

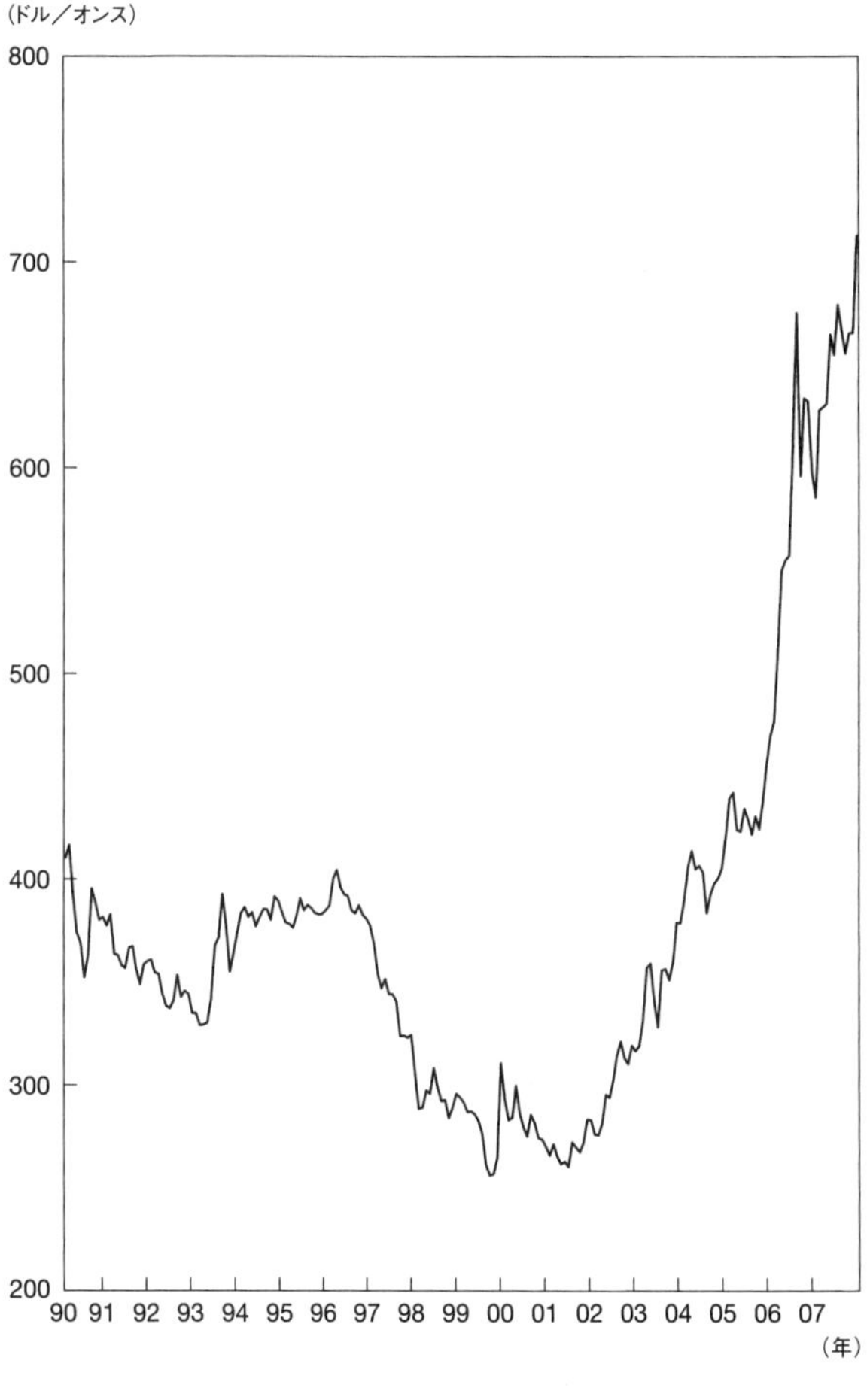

(出所)Gold Fields Mineral Services資料より作成

ゴールドの国際価格は大幅に上昇しており、2007年9月時点では1オンスあたり712・65ドルとなった（図表5－2）。

ゴールドの国際相場は、投機も含めて様々な要因が複雑に絡み合うため、先行きを見通すことは難しいが、需給面のみに着目すると、最大の金消費国であるインドで需要の拡大が見込めるほか、経済成長の著しい中国やトルコにおいても個人の金購買意欲が高まると見込まれること、金生産国である南アで鉱山の開発が遅れ気味となっていること、欧州の中央銀行による金の大量売却がピークアウトしたこと、米国で発生したサブプライムローンの焦げ付き問題でドルに対する信認が低下していること、などから、当面、金需給の逼迫した状態が続くとみられ、これらが金相場の押し上げ要因として作用するだろう。

プラチナの9割はロシア・南アフリカ産

ゴールドだけではない。プラチナ（白金）の国際価格も騰勢を強めている。

プラチナの国際価格は2002年頃から上昇傾向が鮮明となり、2002年1月の1トロイオンス＝474ドルから、2007年9月には1トロイオンス＝1310ドルと、5年半余りの間に2・8倍にも上昇した（図表5－3）。

プラチナの値段が上がっている背景には、需要側の要因として、①中国で宝飾用のプラチナ

図表 5-3 プラチナの国際価格の推移

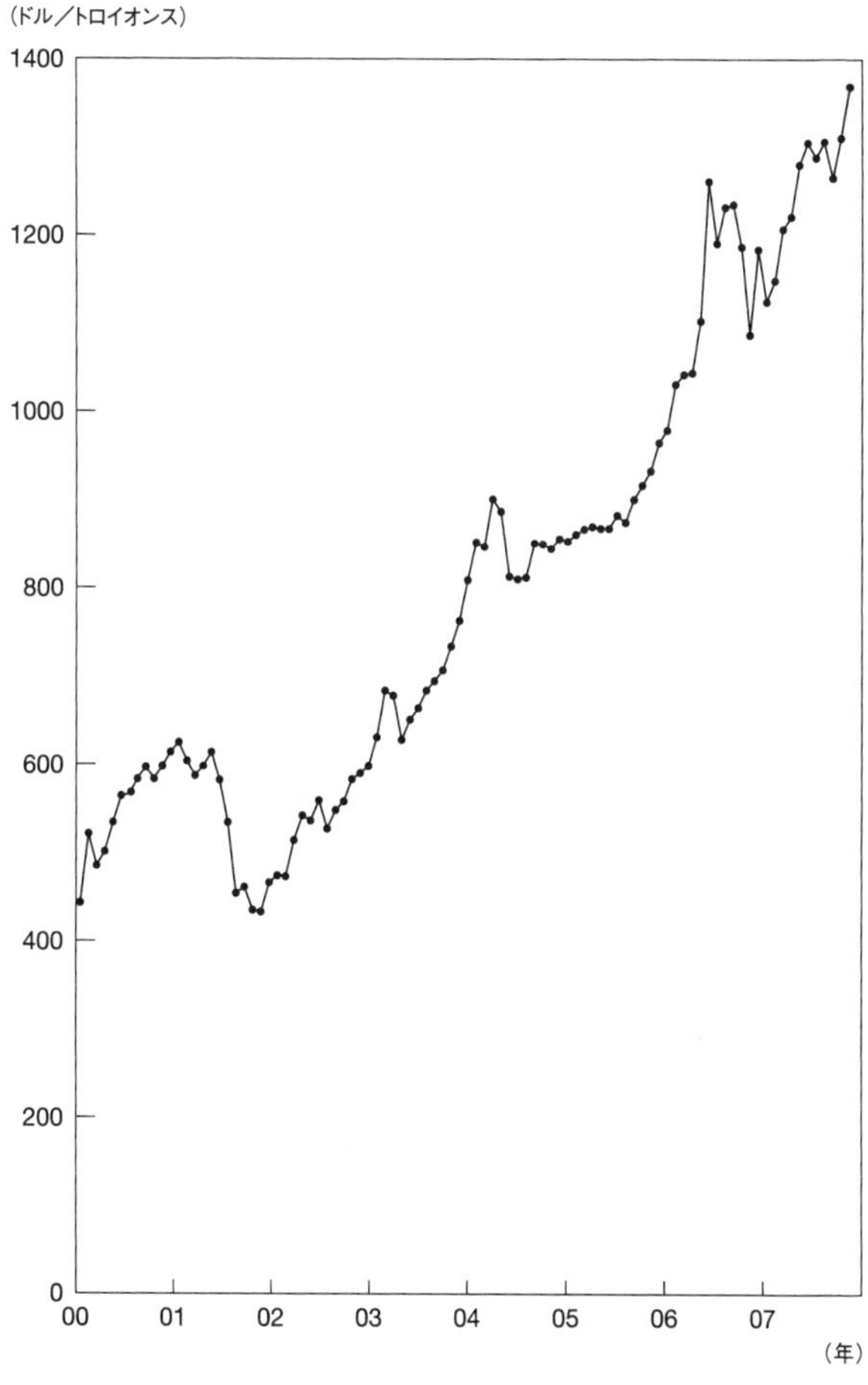

(出所) 南アフリカ政府資料より作成

消費が増えていること、②自動車に使用する燃料電池の需要が世界で急増していること、③ハードディスクの記憶容量を増やすための磁気記録材料をはじめプラチナを利用する商品分野が広がってきたこと、などがある。

一方、供給側の要因としては、プラチナの主要供給国である南アフリカとロシアで供給不安が広がっていることがある。プラチナは、南アフリカとロシアで全供給の90・9％がまかなわれており、生産が特定地域に集中している。

ロシアでは、1823年にウラル地方で白金の鉱山が見つかったが、1920年代までに大量の採掘を行ったため、現在では埋蔵量が少なくなってきている。ロシアのプラチナ供給は不安定で、ロシアが金融危機に直面した1998年には、プラチナやパラジウムの輸出が停止される事態となり、プラチナの国際価格上昇の主要因となった。近年、ロシアのプラチナ生産はほぼ横ばいで推移しており、2006年は27・4トンとなった。なお、ロシアで産出するプラチナの73・9％はノリリスク・ニッケルが産出している。

南アフリカは、1925年にトランズ・バール地方で巨大なプラチナ鉱脈が発見されて以来、ロシアを抜いて世界最大のプラチナ供給国となった。南アには有力鉱山が多数存在する。鉱山各社は、プラチナの国際価格上昇を受けて、これまでに大幅な増産を実施しており、2006年の産出量は164・5トンとなった。

南アのアングロ・プラチナ社は世界第1位のプラチナ生産会社だ。たとえば、2006年の希少金属（レアメタル）の売上高は前年比70・3％増を記録した。アングロ・プラチナ社の2006年の希少金属の売上高のうち55％がプラチナ、9％がパラジウムで占められる。

一方、南アのインパラ・プラチナ社は世界第2位のプラチナ生産会社だ。インパラ・プラチナ社は、日本の住友商事と共同でニッケルの生産事業にも乗り出している。

さらに、南アのロンミン・プラチナ社は世界第3位のプラチナ生産会社。ロンミンの売上高の56％がプラチナで占められる。

しかし、南アでは今後「貴金属法」が正式に施行される予定で、これにより鉱山各社の増産の勢いが弱まるのではないかとの懸念が浮上しているのだ。「貴金属法」は2005年10月に法案として出されたもので、鉱山の採鉱、加工、輸出までの各工程における付加価値に対して課税するというもの。これにより、鉱山各社は大幅なコストアップに見舞われることになるので、増産を抑制する動きが広がるとみられている。

燃料電池・磁気記録材料に不可欠なプラチナ

プラチナの世界需要は、1999年以降、一貫して、世界供給を上回って推移している。こうした需給バランスの動向を勘案すると、プラチナの国際価格は、中長期的に上昇トレンドをたどる公算が大きいといえよう。

日本は、プラチナの主要需要国であり、2006年の需要量は35・3トンと、世界全体の16・8%を占めた。国内で消費するプラチナの80・4%を南アフリカ、4・0%をロシアからの輸入に頼っている。

プラチナは燃料電池など、国内のハイテク産業にとって不可欠の資源であるため、日本政府は供給を安定化させるための様々な方策を打ち出している。

政府は、これまでのところレアメタルとしてニッケル、クロム、タングステン、コバルト、モリブデン、マンガン、バナジウムといった7種類の鉱種を国家備蓄(60日分)の対象としているが、今後はプラチナなども新たな備蓄対象として検討される見通しだ。

2006年6月に資源エネルギー庁が発表した「非鉄金属資源の安定供給確保に向けた戦略」では、南アフリカなどにおける民間企業の探鉱開発プロジェクトへの参加を積極支援していく方針も打ち出された。また、文部科学省は、2007年度からプラチナの代替材料の研究を開始した。

急成長するイスラエルのダイヤモンド産業

佳子「ねえ、あなた〜。私にダイヤモンドの指輪を買ってくれない?」(甘ったれた声で)

良雄「なんで？」
佳子「隣の奥さんが、これ見よがしに大粒ダイヤの指輪をつけているのをみたら、なんか急に欲しくなっちゃったのよ。私も隣の奥さんのようなセレブにしてよ」
良雄「だめだめ。婚約したときに給料3カ月分のダイヤの指輪を買ってやっただろう」
佳子「何いってんのよ。あれは、安物のイミテーションだったじゃない」
良雄「あれ、そうだっけ？　とにかくダイヤモンドの値段も上がっているから、いまは買えないよ。俺が安月給なの知ってるだろう」

いま、ダイヤモンドの需要が世界的に拡大している。ダイヤモンドの最大の需要地は米国だ。米国には、100万ドルを超える金融資産を持つ「ミリオネア」が900万世帯も存在する。しかも、「ミリオネア」の数は年々増え続けており、過去10年間で倍増した。彼ら・彼女らが「見栄の消費」で、大粒ダイヤモンドの指輪やネックレスを競うように買いあさっているのだ。

米国だけではない。近年では、中国をはじめとする有力新興国でも、富裕層やそれに準じるニューリッチ層が台頭しており、新興国でのダイヤモンド需要も拡大するようになってきた。

世界のダイヤモンド需要が増えてきたことで、潤っているのが有力新興国のイスラエルやインドである。この2カ国は、いずれもダイヤモンドの研磨産業が発達している。とくに、イスラエルの場合、ダイヤモンド産業が経済成長の大きな原動力になっている。イスラエルの輸出の3分の1を占めるのがダイヤモンドなのだ。

イスラエルは他の中東諸国のように原油・天然ガスなどの資源に恵まれているわけではないが、近年ではダイヤモンド産業が好調なことなどから、高い経済成長を達成するようになった。2006年の実質経済成長率は前年比5・1％増を記録した。オイルマネーに沸く中東のお金持ちがイスラエルから、たくさんのダイヤモンド・ジュエリーを調達している。

現在、イスラエルには、世界のダイヤモンドの原石の約5割が流れてくるという。テルアビブを中心にイスラエル国内には、たくさんのダイヤモンド会社が集積している。イスラエルで最大のダイヤモンド会社が、レバイエブ・グループだ。

かつて、ダイヤモンドの生産・販売は南アフリカに本拠を置く世界企業デビアスが独占していたが、イスラエルのダイヤモンド産業は、この独占を切り崩して急成長するようになった。

近年では、ＢＲＩＣｓの一角を占めるインドの台頭によって、世界のダイヤモンド研磨業界で棲み分けが生じている。イスラエルは高級ダイヤモンド・大型ダイヤモンドの研磨に特化するようになり、0・5カラットに満たないダイヤは、もっぱら人件費が安く高度な技術を持つインドで研磨されるようになった。

研磨が終わったダイヤモンド（最終製品）の取引は、そのほとんどがイスラエル国内で行われている。

イスラエルのダイヤモンド産業が有望市場として注目するのが、中国である。イスラエルダイヤモンド協会は、今後、中国市場を開拓することを計画している。

ウラン資源で脚光を浴びるカザフスタン

原子力発電の主要なエネルギー源であるウランに対する需要が世界的に拡大している。原子力発電では、火力発電などで発生する温暖化ガスが排出されない。このため、世界各国で環境への負荷が少ない原子力発電を増やす動きが広がっているのだ。火力発電が中心の中国やインドといった有力新興国も、原子力発電の開発を急いでいる。

現在の世界需要は約7万トンであるが、２０２０年には10万トンを超えるところまで増えるという予測もある。需給が逼迫していることから、近年、ウランの国際価格は高騰する傾向にある。

そこで、脚光を浴びているのが、ウラン資源が豊富なカザフスタン共和国である。ロシアと国境を接するカザフスタンは、旧ソ連時代から原油や天然ガスの産出国として有名であった。国内には、テンギスやカラチャガナクといった油田があり、カスピ海沿岸での油田開発も進めている。原油や天然ガスといった資源輸出の拡大を追い風に、近年は10％前後の高い経済成長を続けており、２００６年は10・６％成長となった。

さらに、最近ではウランの保有国としてカザフスタンへの注目度が高まってきている。カザフスタンはオーストラリアに続いて世界第2位のウラン埋蔵量を誇る（図表5－4）。ウラン埋蔵量の世界シェアは約17％となっている。

カザフスタンは先進国企業の資金援助・技術援助を受けながら、ウラン鉱山の開発を積極的に進めているところだ。アジアでは、中国や韓国がカザフスタンのウランに強い関心を持っている。

原子力発電所で使用するウランのすべてを輸入に頼る日本もウランを確保するために、カザフスタンに急接近している。2007年4月には、官民合同団体がカザフスタンを訪問、大規模採掘権を獲得することに成功した。家電メーカーの東芝も、2007年8月に、カザフスタンのウラン鉱山開発事業に出資することを発表した。出資額は数百億円に上るとみられている。

今後、ウラン資源をテコにカザフスタンが経済発展を加速していくことは十分に考えられる。ただ、最近では、カザフスタンのなかで、自国の資源の権益を守ろうという資源ナショナリズムが台頭しつつある。

モンゴルの地下資源をめぐる権益獲得競争

もうひとつ、カザフスタンと同様に、豊富な資源を持つことで世界各国から注目されている

図表 5-4 ウラン埋蔵量の世界ランキング（2006年）

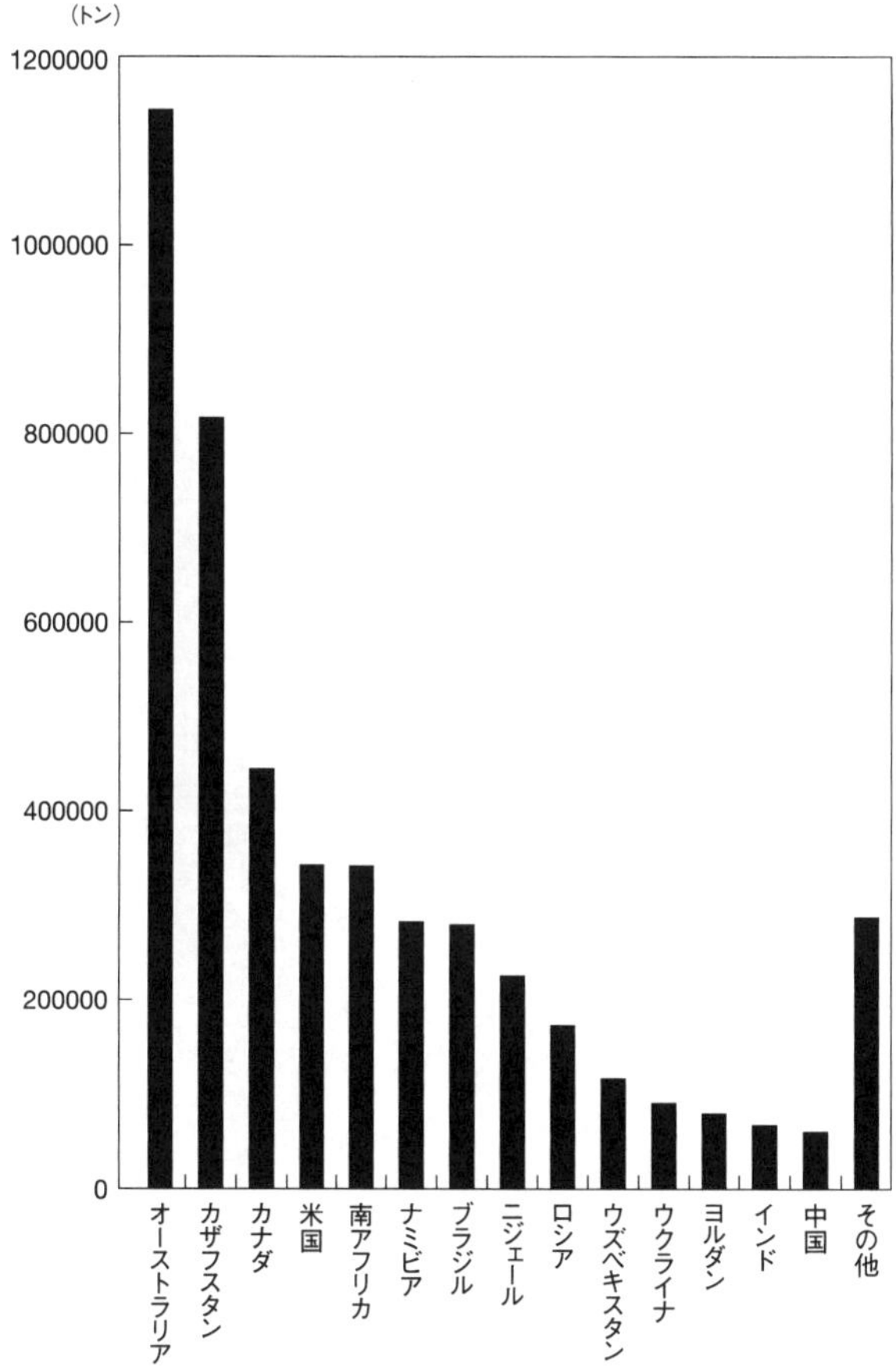

（出所）国際エネルギー機関資料より作成

新興国が、モンゴルである。モンゴルは、人口が260万人程度と、比較的規模の小さい国だが、ゴビ地域に金や銅、石炭などといった地下鉱物資源が豊富にある。モンゴルの東部にウランの鉱脈があることも確認されている。これまで、モンゴルは鉱物資源を世界各国に輸出することで高成長を続けてきた。現在の経済成長率は10％を超える。

モンゴルの資源開発は、それまで国家が独占的に管理していたが、最近では、政府が外国企業と共同して資源開発をしていく方針を打ち出すようになった。そのための法制度の整備も進めている。通常、資源開発をしていくには、それなりの社会インフラが必要になるが、モンゴルでは資源が集中している地域が砂漠地帯ということもあって、社会インフラの整備が大幅に遅れている。このため、資金力・技術力のある外国企業の協力が不可欠となっているのだ。

そうしたなかで、ロシアや中国、ブラジルなどＢＲＩＣｓ諸国が、モンゴルの鉱物資源に目をつけて、開発の権益を獲得しようと躍起になっている。

日本もモンゴルと共同で地下鉱物資源の開発に乗り出した。日本はモンゴルと官民で連携をして、投資環境の整備をしていこうとしている。２００６年8月には、小泉元首相がモンゴルを訪問して、モンゴルの地下資源開発で協力していく方針を表明した。また、２００７年2月には、モンゴルのエンフバヤル大統領が日本を訪問して、安倍前首相と対談した。この会談で、「今後10年間の日本・モンゴル基本行動計画」の共同声明が出された。投資環境を整備して日本の企業が進出しやすい状況になれば、日本、モンゴルの双方にとって大きな利益が生まれることになるだろう。

建設中のビルから銅線を盗む泥棒まで登場

最近では銅の価格も高騰している。各種の金属のなかで、銅は電気や熱を伝えやすいという特徴を持つため、電線ケーブルやテレビ、パソコン、携帯電話の部品などに使われている。

中国やインドなど成長著しい新興国では、電線ケーブル用や家電用の銅需要が急増しており、これが国際取引価格の高騰を招いているのだ。最近では、とくに薄型テレビなどデジタル家電向けの銅需要が増えており、銅が品薄となっている。日本でも、建設中のビルから銅線が盗み出される被害が相次いでいるほどだ。

銅の国際価格高騰の恩恵を受けているのが、南米のチリである。何を隠そうチリは、世界最大の銅生産国なのである。チリの銅の生産量は世界全体の約4割を占める。

日本も国内で消費する銅の大半をチリからの輸入に頼っている。世界最大規模のエスコンディダ銅山やチュキカマタ鉱山などが有名だ。

チリは銅の輸出などによって多額の外貨を獲得しており、経済が不安定な南米諸国のなかにあって高い経済成長を続けている。2006年の実質経済成長率は前年比4・0％増を記録した。

銅の取引価格が高値圏で推移しているため、チリの国内では、銅鉱山で働く労働者たちが、賃上げを求めるストライキを起こすようになっている。ストライキの発生によって、チリで銅の生産が滞れば、供給不安の広がりによって、さらに銅の国際価格が高騰する可能性もある。

南アのフェロクロム生産には日本も進出

鉱物資源大国である南アフリカでは各種のレアメタルが産出するが、とくにステンレス鋼などに使用されることの多いクロム鉱石が豊富で、世界最大のクロム鉱石産出国となっている。また、ステンレス鋼の中間製品と位置づけられるフェロクロムの生産も増加傾向にある。フェロクロムはクロム鉱石と鉄の合金のことだ。

南アでクロム鉱石やフェロクロムの生産が増えている背景には、中国をはじめとする有力新興国でステンレス鋼の生産が急拡大し、原材料需要が高まっていることがある。

南アフリカでは、80年代後半にステンレスの世界需要が盛り上がったため、クロム鉱石・フェロクロム各社が工場を相次いで新設するなど、生産能力を大幅にアップさせたが、その後、世界需要が低迷、膨大な過剰供給能力を抱えることになってしまった。

このため、90年代以降、南アの生産者はクロム鉱石・フェロクロムの需要国のメーカーとの連携を強め、生産を需要に合わせて調整しようとする動きを強めるようになった。このような流れのなかで、クロム鉱石・フェロクロムの主要な需要国である日本も、商社や合金鉄メーカーなどを中心に南アのクロム鉱石・フェロクロム各社との提携を強化している。たとえば、日本電工は1993年に南アフリカに進出、南アのサマンコール社との合弁で、NSTフェロクロム社を設立した。また三菱商事は、2000年から南アのフェロクロムメーカー「ハーニック」（世界生産で第4位）に資本参加、2002年には51％以上を出資して経営権を握っている。

需給逼迫を背景に、南アのフェロクロム価格は上昇傾向にある。国内で消費するフェロクロムの45・5％を南アからの輸入に頼っている日本でも、南ア産のフェロクロム輸入価格が足元で上昇してきている。南アからのフェロクロム輸入価格が上昇していることから、今後は、価格転嫁により日本のステンレス鋼の価格も上昇してくる可能性が高い。

ただ、南アフリカのフェロクロムメーカーに出資している日本の商社などにとっては、フェロクロム価格の高騰は、収益にプラス材料となる。

第6章 世界経済を制する新興国市場

急速に進む「フラット化」

これまで見てきたとおり、私たちにとって身近な商品の値段が上がっている背景には新興国の経済が台頭してきたことがあった。そこで、第6章では、新興国が台頭してくるようになった理由を明らかにしてみたい。

近年、世界経済の成長の流れから取り残されていた新興国が台頭してくるようになった。たとえば、世界のGDP（国内総生産）に占める新興国のシェアをみると、80年代、90年代はほとんど変化がなかったが、2000年代に入ってから急速に上昇するようになり、2006年には48％まで高まった（図表6－1）。世界経済はまさに「フラット化」しつつあるといえるだろう。

では、なぜ2000年代に入って新興国が台頭するようになってきたのだろうか。様々な要因が考えられるが、一番大きな理由は、グローバリゼーションが進展したことであろう。

グローバリゼーションが進展して、モノ・ヒト・カネが先進国から新興国に流入するようになったことで、新興国経済が恩恵を受けているのだ。

たとえば、新興国はいずれも人件費が安いので、安価な製品をつくってそれを世界各国に輸出している。

図表 6-1 世界のGDPに占める新興国のシェア（ドルベース）

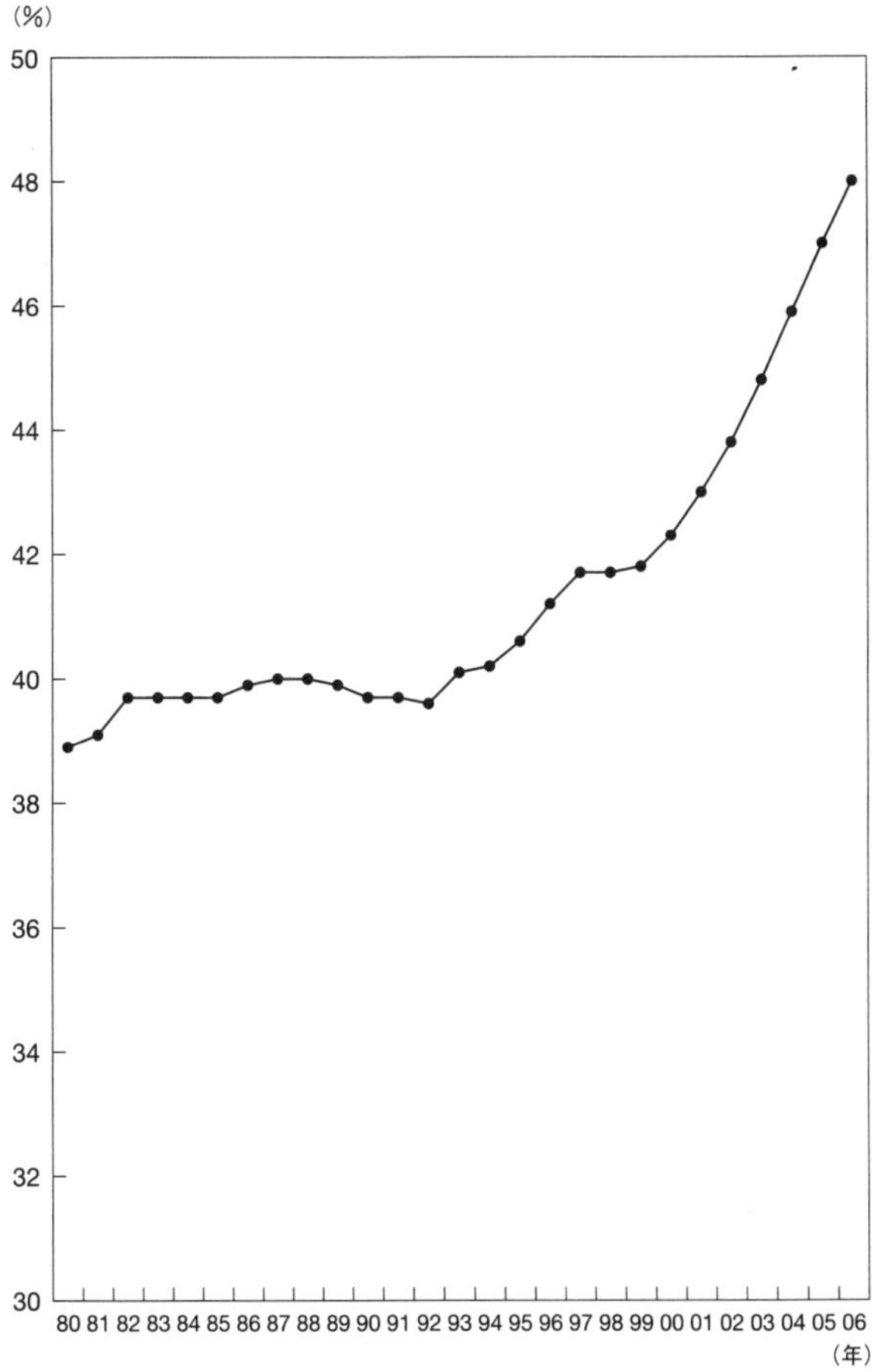

（出所）IMF資料より作成

また、世界的に資源価格が高騰しているが、資源の分布をみると、そのほとんどが新興国に集中している。新興国は資源を世界に輸出することによっても高い経済成長を達成することができるようになった。

さらに、最近では、先進国の企業が新興国の企業に直接業務を委託（アウトソーシング）する流れも起きつつある。

アウトソーシングの象徴的な例としてインドが挙げられる。現在、インド経済は9％を超える高い経済成長を実現しているが、成長の牽引《けんいん》役となっているのはソフトウエアなどのＩＴ（情報技術）関連産業である。

なぜ、インドのソフトウエア産業が急成長をしているかといえば、先進国のソフトウエア企業が、人件費が安く、なおかつ労働力の質も高いインドのソフトウエア企業にこぞって業務を委託しているからである。

このように、グローバリゼーションの流れに乗って新興国が台頭してきたというわけだ。ところで、読者の皆さんは有力新興国と聞いてどのような国を頭に思い浮かべるだろうか。

そう、真っ先に挙げられるのはなんといっても「ＢＲＩＣｓ」であろう。改めて確認しておくと、ＢＲＩＣｓとはブラジル、ロシア、インド、中国の4カ国の英語の頭文字をつなげた造語で、「ＢＲＩＣＫ」をもじったもの。中長期の視点で捉えた場合に、高い成長ポテンシャルを有する新興大国のことをさす。

米国の証券会社ゴールドマン・サックス社が、2003年10月1日に発表した「Dreaming with BRICs: The Path to 2050」という投資家向けレポートの中で初めて登場し、その後広く人口に膾炙《かいしゃ》するようになった。

NIES・ASEANの台頭とはどこが違うのか

1980年代にも、NIES（香港、シンガポール、韓国、台湾）やASEAN（東南アジア諸国連合）の台頭という現象が見られたが、当時の新興国の台頭は、アジアの一部地域に限定されていた。

日本を先頭にしてアジア各国があたかも雁の群れのように、時間軸に沿って「雁行型経済発展」をしていくという経済発展のパターンだ。「雁行型経済発展」は、日本をはじめとする先進国企業が、次々に人件費の安いNIESやASEANに生産拠点・輸出拠点をシフトさせていくことによって可能となった。

2000年代に入ってからのBRICsの台頭と、80年代にみられたNIES、ASEANの台頭の違いはどこにあるのだろうか。まず挙げられるのは、NIES、ASEANは、人口規模・経済規模がそれほど巨大ではない国々が、安価な人件費を武器に先進国の輸出・生産拠点として台頭したということだ。小回りのきく小規模の国が外資導入をテコにして高成長路線に乗ることは比較的容易であったといえる。

一方、今回の新興国の台頭の場合は、もともと巨大な人口規模・経済規模を持っていた国が一気に離陸したという点に特徴がある。ゾウのように巨大な国は「のっし、のっし」という感じで動きが鈍く、通常は経済が離陸するまでに相当の時間がかかる。巨大な新興国が一気に台頭することができたのは、安価な人件費という武器に加えて、豊富な資源というもうひとつの武器があったからだ。

また、80年代にはみられなかった90年代以降の世界的なITネットワークの広がりも影響している。経済発展が遅れ気味で生産設備が十分にそろっていない巨大な新興国であっても、ソフトウエアなどのIT産業を軸に先進国へのキャッチアップをしていけるようになったことが、過去と比べた今回の新興国台頭の大きな特徴といえるだろう。

BRICsは生産・輸出拠点から消費市場へ

これまでBRICsは、世界経済のなかで、どちらかといえば先進国の生産・輸出拠点として位置づけられていた。

先進国の企業は、人件費の安いBRICsの労働者を使って安価な製品をつくり、それを世界各国に輸出していたのである。とくに世界最大の消費マーケットである米国にＢＲＩＣｓで作られた製品が大量に流れ込んでいった。

しかし、ここ数年の急速な経済発展に伴い、ＢＲＩＣｓの人件費は上昇しており、先進国の企業がコスト削減を目指してＢＲＩＣｓに進出するメリットは薄れつつある。

そのかわりに、ＢＲＩＣｓのなかで豊かな生活を享受する富裕層やニューリッチ層が増えてきたため、今度はＢＲＩＣｓのなかで巨大な消費市場が形成されてきている。だから、先進国の企業は、ＢＲＩＣｓに進出していろいろな製品をつくり、その製品を他国に輸出するのではなく、直接ＢＲＩＣｓ域内の人たちに売りさばいていこうと考え始めるようになった。

ＢＲＩＣｓでは、豊かな人たちがどれだけ台頭するようになったのだろうか。

たとえば、米国の証券会社メリルリンチとフランスのコンサルティング会社キャップジェミニがまとめた「World Wealth Report」によると、金融資産が１００万ドル（約1億円）を超える富裕者の数は、２００6年時点で、ブラジルが約12・0万人（前年比＋10・1％）、ロシア約11・9万人（同＋15・5％）、インド約10・0万人（同＋20・5％）、中国約34・5万人（同＋7・8％）となっている。

有力新興国ＢＲＩＣｓ全体の富裕層は約68・4万人（前年比＋11・2％）に及ぶ。２００2年の段階では、億万長者の数は41・6万人にとどまっていたので、4年間で26万人も増えた計算になる。

豊かになったＢＲＩＣｓの人たちは、先進国で暮らす私たちのように様々な商品を購入するようになってきた。巨大な人口を抱えるＢＲＩＣｓで今後も富裕層やニューリッチ層が増えていけば、その消費マーケットは、とてつもなく大きなものになる可能性がある。

すでに、ＢＲＩＣｓの消費マーケットは拡大しつつある。たとえば、日本の消費マーケットとＢＲＩＣｓの消費マーケットを比較した図表６－２をご覧いただきたい。

これをみると、急激に拡大するＢＲＩＣｓの消費マーケットは２００６年に日本の消費マーケットの大きさを追い越してしまったことがわかる。

世界最大の消費マーケットを持つ米国に比べると、ＢＲＩＣｓの消費マーケットはまだまだ小さいといえるが、それでも米国へのキャッチアップは急速に進んでいる。実際、２００３年の段階でＢＲＩＣｓの消費マーケットは米国の19・7％にすぎなかったが、２００７年には27・5％にまで高まっている。

今後も、ＢＲＩＣｓの高成長路線が続いていけば、いずれは米国の消費市場を上回る巨大なマーケットが形成されることになるだろう。

図表 6-2 BRICsと日本の消費マーケットの大きさ

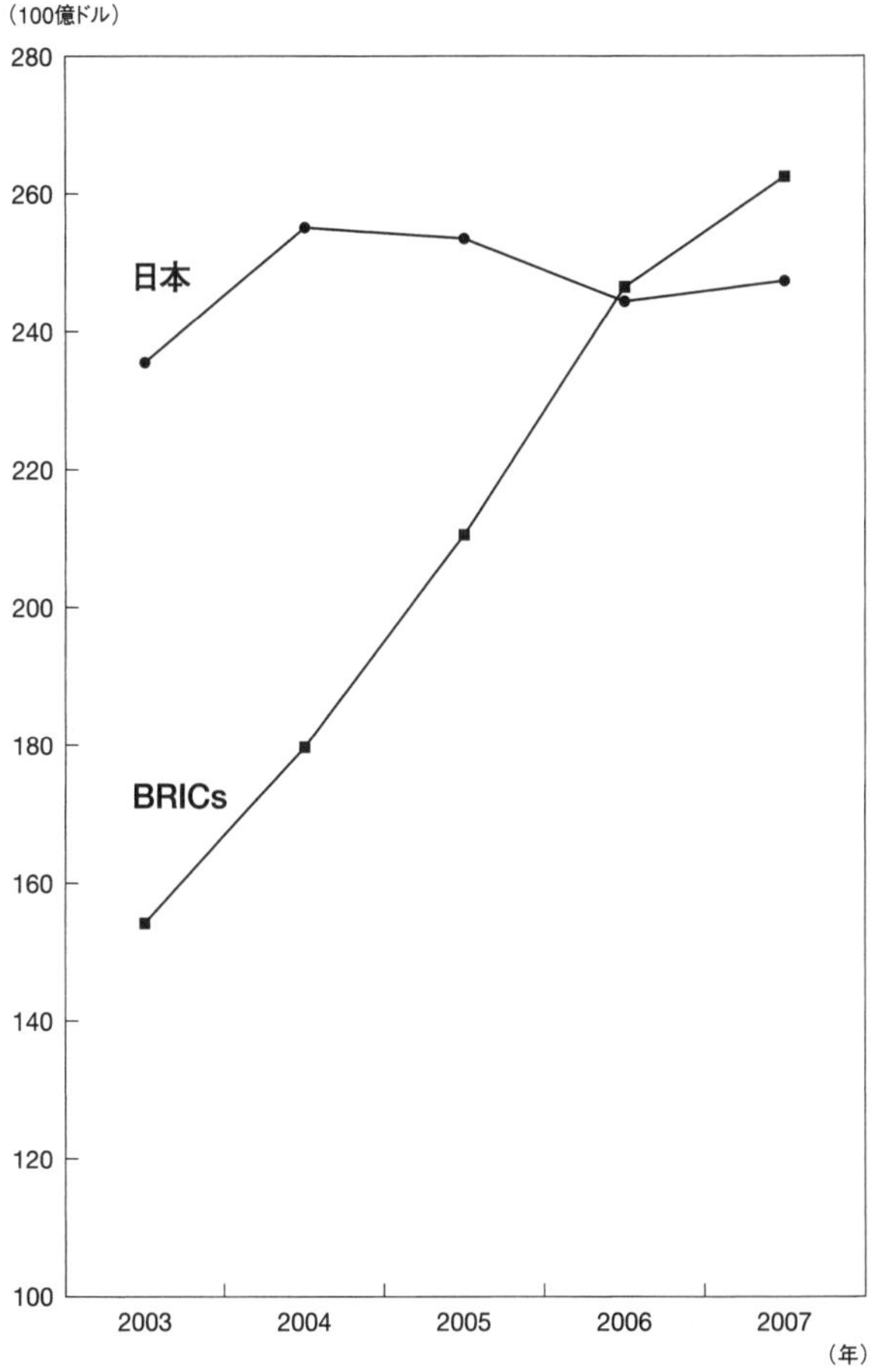

(出所) Euro Monitor資料より作成

27・5億人が世界を食い尽くす?

成長著しいＢＲＩＣｓでは、人々の生活水準が向上しつつあり、それに伴い各種の食料品に対する需要が急激に高まっている。ＢＲＩＣｓ４カ国に共通する特徴は、購買力のある中産階級の間で、食の西洋化・高級化が進み、欧米諸国の人々と大差のない豊かな食生活を享受するようになってきたという点だ。

27・5億人という巨大な人口を抱えるＢＲＩＣｓで食の西洋化・高級化が進めば、世界の食料品の需給バランスにも無視できない影響が及んでくるだろう。

そこで、主な食料品について、世界生産に占めるＢＲＩＣｓのシェアが将来どの程度まで上昇するかをシミュレーションしてみたい。シミュレーションは以下の要領で行った。

まず、世界全体の食料生産については、過去の世界生産の長期的なトレンドを２０３０年まで先延ばしする。

一方、ＢＲＩＣｓの食料消費については、各国ごとに「生産＋輸入－輸出」をマクロ消費量としてとらえ、これを人口で割って１人あたり消費量を算出する。１人あたり消費量の実績を１人あたり所得の実績で推計したうえ、この推計式に１人あたり所得の将来予測値（ロジスティック曲線によって算出）を外挿して、将来の１人あたり食料消費量を求める。将来の１人あたり消費量に、将来推計人口（国際連合の中位推計）を乗じて各国のマクロの食料消費量を求めたうえ、これらを合算してBRICsのマクロ消費量の将来予測値とする。

シミュレーションの結果によると、まず、BRICsの牛肉消費量（トンベース）の世界シェアは、2005年時点では30・5%であったが、2010年には33・5%、2020年には40・0%、2030年には46・8%まで上昇するとみられる。

牛を神聖視するヒンドゥー教徒が人口の8割を占めるインドでは、牛肉の消費量は中長期的に低水準にとどまるが、中国やブラジル、ロシアでは、牛肉消費量が大幅に拡大する。とくに、牛肉消費が顕著な増加を示すのが中国だ。現状の中国では、食肉のなかで消費量がもっとも多いのは豚肉であるが、沿岸都市部の住民の間では、価格の高い牛肉の消費が急増している。今後、都市部の生活水準がさらに向上すれば、牛肉消費が日本並みに高まる可能性が高い。

ブラジルでも、購買力のある富裕層やニューリッチ層が台頭してきたことから、牛肉の消費量が拡大する傾向にある。2005年の牛肉消費量は約400万トンで、90年時点と比べて約1・4倍の規模に膨らんだ。

ブラジルには、昔から「シュラスコ」と呼ばれる牛肉を使った国民料理がある。耳慣れないかもしれないが、「シュラスコ」とは、牛肉のいろいろな部分を剣で突き刺して焼いた料理。いわばブラジル式のバーベキューと言える。元々は「ガウチョ」と呼ばれるカウボーイたちが食べていた料理だ。たいていのブラジル人は、1度に500グラムぐらいの量を軽くたいらげてしまうという。また、ローストビーフの消費も増える傾向にある。

国民の牛肉需要の拡大に伴って、ブラジルの中心都市サンパウロには、たくさんのシュラスコ料理店やローストビーフを提供するレストランが立ち並ぶようになった。

また近年では、中国でも「シュラスコ」のレストランが増えている。すでに中国国内には400店ものシュラスコ料理店があるということだ。

一方、大豆の消費量（トンベース）の世界シェアは、2005年時点では39・9%であったが、2010年には42・5%、2020年には47・8%、そして2030年には52・8%まで上昇するとみられる。また、トウモロコシの消費量（トンベース）のシェアは、2005年時点では28・5%であったが、2010年には32・1%、2020年には40・7%、2030年には51・0%まで上昇する。大豆やトウモロコシといった穀物需要の拡大は、食生活の肉食化と密接な関係がある。一般的に、肉1キログラムを生産するのに必要な穀物量は豚肉が4キログラム、牛肉が7キログラム、鶏肉が2キログラムとされており、BIRCs域内における食肉需要の高まりによって、直接的な穀物需要の何倍もの穀物が必要となるのだ。ただし、厳格なベジタリアン（菜食主義者）が国民の4割を占めるインドでは、飼料用ではなく食用の大豆需要が拡大していくことになるだろう。

さらに飲料の分野では、西洋風の食事のメニューに合わせてコーヒーを楽しむ人が増加してくるとみられる。実際、中国では茶、インドでは紅茶が伝統的な飲料であったが、中印とも都市部を中心にコーヒー党が増えてきている。ブラジルはコーヒー生豆の最大の輸出国であるが、最近ではブラジルにおいても、中産階級の台頭などによってコーヒーの需要量が大幅に増えており、輸出余力は小さくなってきている。ＢＲＩＣｓのコーヒー生豆消費量（トンベース）の世界シェアは、２００５年の17・２％から、２０１０年には21・３％、２０２０年には32・１％、そして２０３０年には47・５％まで上昇するとみられる。

マルサス『人口論』の悲観的世界が現実に

こうしたＢＲＩＣｓの食料需要の世界生産に占めるシェアの上昇は、世界の食料生産の拡大スピードに比べて、ＢＲＩＣｓの食料需要の拡大スピードのほうが速いために生じる。

ＢＲＩＣｓはこれまで世界の食料品の主要な供給基地であったが、近年では、工業化の進展によって農業用地が縮小傾向にあるうえ、農業の生産性上昇も遅れ気味となっており、海外のみならず国内の需要も十分にまかなうことができなくなりつつある。域内の旺盛な食料需要を満たすために、ＢＲＩＣｓ各国は国際市場での買いつけを増やしており、今後そうした傾向はさらに加速してこよう。

ＢＲＩＣｓの人口は増加を続けるものの、アフリカ地域などで人口が急増するため、ＢＲＩ

Cｓの人口が世界人口に占めるシェアは、2005年の42・5％から2030年には39・7％まで低下する。その結果、2030年時点では、これら4つの食料品需要の世界シェアが人口の世界シェアを大きく上回る格好になる。これは、急成長するBRICｓが暴飲暴食することによって、BRICｓと購買力のある先進国を除いた残りの人口、すなわち2030年の世界人口の45％が深刻な食料不足に悩まされる危険が生じることを示唆する。

18世紀英国の経済学者マルサスがその著書『人口論』で「人口は幾何級数的に増加するが、食料は算術級数的にしか増加しないため、多くの人が貧困においこまれる」と述べたように悲観的な世界が現実のものになる可能性があるのだ。

BRICｓ要因によって、世界的に食料品の需給バランスがタイトになる結果、食料品の国際取引価格については価格調整メカニズムが働いて、中長期的に上昇圧力がかかる公算が大きいといえよう。

肉、野菜、魚、穀物、飼料の多くを海外からの輸入に頼る日本にとっては、食料の輸入価格上昇を通じて、国内のインフレ圧力が強まる恐れがある。すでに乳製品やコーヒー生豆といった一部の食料品の輸入価格は上昇し始めており、食料品の世界では、デフレよりはインフレが懸念される状況になっている。

菜食主義で飼料用穀物を節約

インドでは、レストランで料理の注文をするとき、ウエイターが必ず最初に「ベジタリアン」であるか「ノンベジタリアン」であるかを聞いてくる。「ベジタリアン」か「ノンベジタリアン」かによって食事のメニューは全く異なる。

「ベジタリアン」とは、肉を食べない「菜食主義者」のこと。「ベジタリアン」の食事は穀物、野菜、豆が中心になる。

インドの人口の4割以上は厳格な「ベジタリアン」であるといわれる。とくに西部地域に「ベジタリアン」が多く、西部では「ベジタリアン」が人口の半分以上を占める。

なぜ、インドでは「ベジタリアン」が多いのか。それは、宗教と密接な関係がある。主要な宗教であるヒンドゥー教の世界では殺生が禁止されているので、菜食主義が浸透することになった。とくに牛は神様だから、牛肉を食べることはもってのほかだ。

ヒンドゥー教徒は決して牛肉を食べないが、ラッシー（発酵乳）やバターといった乳製品は食べる。牛の乳搾りは殺生にはならないので、乳製品を食べることは宗教上問題ないということだ。また、水牛はヒンドゥー教における死の神ヤマが乗る動物なので、食べることに抵抗がない。

一方、イスラム教徒は豚を忌避して、決して豚肉を食べない。聖典「コーラン」に豚肉を食べることを禁じる項目があるためだ。豚肉から抽出されたエキスすら口にしないといった徹底ぶりである。

仏教の教えでも殺生は禁止されている。仏教徒の間では殺生を避けるために精進料理が浸透していった。

インドに進出する外資の外食産業は、ベジタリアン向けのメニューを工夫しなくてはならない。米大手ハンバーガー・チェーンのマクドナルドは、インド進出当初、ハンバーガーに牛肉が入っているとのうわさが広がり、店が焼き討ちされたことがある。現在、マクドナルドはインド国内への出店を加速しているが、バーガー類はすべて牛肉や豚肉を含まないようにしている。とくに、ベジタリアン向けには、ポテトや豆などを調理した野菜コロッケをはさんだ「マック・ベジバーガー」などを提供している。

人口が11億人を超えるインドでベジタリアンが多いということは、世界の食糧問題にとってはプラスの要因になる。先に述べたとおり、肉食が浸透して畜産が増えると、たくさんの飼料用穀物が必要になってしまうからだ。

「ネクスト・イレブン」は本当に有力か

これまで有望な新興国としては、ＢＲＩＣｓが世界の注目を浴びてきた。高成長を続けるＢ

RICsは、大国としての確固たる地位を築きつつある。

BRICsだけではない。最近では、新たな企業の進出先として、また株式の投資先として、BRICsに続く次世代の有力新興国、ポストBRICsを探す動きが広がってきている。

ポストBRICsの候補国としては、いろいろな国が挙げられている。最も有名なのはBRICsという言葉の名付け親であるゴールドマン・サックスのグループが2005年12月に提唱した「ネクスト・イレブン」だろう。

「ネクスト・イレブン」は、バングラデシュ、エジプト、インドネシア、イラン、韓国、メキシコ、ナイジェリア、パキスタン、フィリピン、トルコ、ベトナムの11カ国を指す。

ただ、「ネクスト・イレブン」については、本当にポストBRICsとして有力であるのかどうかについていくつかの疑問点がある。

たとえば、「ネクスト・イレブン」には韓国やメキシコが含まれているが、これらの国はすでに先進国の仲間入りを果たしている国だ。これらを、BRICsの後に続くポストBRICsに含めてよいのかどうかという点については議論が必要といえる。

また、「ネクスト・イレブン」のグループには、ナイジェリアやイランも含まれている。しかし、すでに第3章で述べたとおり、ナイジェリアやイランは政情がとても不安定だ。しかも、両国は原油や天然ガスなど資源の輸出に頼った経済成長をしている。

したがって、資源の国際価格が下落するような局面では、これらの国々の経済成長率も大きく減速する可能性がある。

さらに、「ネクスト・イレブン」には、バングラデシュが含まれている。残念ながら、バングラデシュは、まだ経済がテイクオフ（離陸）するための十分な条件が揃っていない。1人あたりのGDPでみれば最貧国の部類に入ってしまう。

このように、現状の「ネクスト・イレブン」のグループは玉石混交ということがいえるだろう。

ポストBRICsとしては、そのほかにも「VTICs」（ベトナム、タイ、インド、中国）、「VICs」（ベトナム、インド、中国）、「IBSAC」（インド、ブラジル、南アフリカ、中国）、「TIPs」（タイ、インドネシア、フィリピン）といったグループが提唱されている。

ただ、「VTICs」や「VICs」、「IBSAC」といったグループは、ポストBRICsを謳っていながら、BRICsの構成国が含まれており、概念として矛盾しているところがある。

ポストBRICsは「VISTA」

そこで、筆者が主宰するBRICs経済研究所では、2006年11月にポストBRICsの有力グループとして「VISTA」を提唱した。「VISTA」は「ヴィスタ」と発音する。

VISTAとは、ベトナム（Vietnam）、インドネシア（Indonesia）、南アフリカ（South Africa）、トルコ（Turkey）、アルゼンチン（Argentina）の5カ国の英語の頭文字をつなげた造語で、「眺望、眺め」をあらわす英語の「VISTA」にかけたものだ。VISTAは、地理的なリスク分散も考慮して、東南アジア、中東、南米、アフリカからバランスよく候補国を選んでいる。

VISTAを選定した基準は、なぜBRICsが高成長を続けているかを勘案したうえで、5つの条件を抽出している。そして、この5つの条件のうち4つ以上の条件を兼ね備えた新興国を選び出したというわけだ。

BRICsとVISTAに共通する5つの条件とは、①豊富な天然資源、②若年労働力の増加、③外資の積極的な導入、④購買力のある中産階級の台頭、⑤政情の安定だ。

では、それぞれの条件があると、なぜ高い経済成長につながるのか。ひとつひとつの条件について吟味していこう。

高成長を可能にする5つのエンジン

まず、ひとつめの条件は、天然資源が豊富であることだ。

各国とも広大な国土を持ち、立地条件が良好であるため、他国に比べて各種の天然資源が豊富に眠っている。

工業化が進むBRICsやVISTAでは、エネルギー資源の消費量が急拡大しているが、必要となるエネルギー資源の多くが自国でまかなえるため、輸入拡大による貿易赤字（国際収支の天井）などを気にすることなく、経済成長に邁進できる。

ただ近年では高成長の続くトルコやインドネシアなどで、天然資源の需要増加ペースに国内供給能力が追いつかなくなっており、天然資源を他国から調達する動きが強まりつつある。

2番目の条件は、労働力が豊富であることだ。VISTAを構成する5つの国に共通する特徴は人口規模が大きいということである。

人口規模が大きければ、経済発展の過程で必要となる良質な労働力を潤沢に供給できるので、労働力不足を心配する必要がない。したがって、VISTAの経済が持続的な成長軌道に乗れば、潤沢な労働力を武器として、巨大な経済圏を形成すると予想される。

VISTAは2005年現在約4億6639万人の人口を抱えており（ベトナムが約8424万人、インドネシアが約2億2278万人、南アフリカが約4743万人、トルコが約7319万人、アルゼンチンが約3875万人）、各国とも毎年増加傾向にある。2000年から2005年にかけてのVISTAの人口増加率は年率＋1・2％だ。

国際連合の推計によれば、VISTAの人口規模は、2050年には6億254万人の水準に達する見込みとなっている。

もっとも、いくら人口が多くても、働き手となる生産年齢人口（15〜64歳）の割合が低ければ、経済成長にとって必要な労働の供給はままならず、生産水準や人々の所得水準は高まっていかない。その点、VISTAはBRICsと同様、人口のボリュームが多いだけでなく、経済成長のカギを握る若年人口の割合が高いという有利な特徴を備えている。実際、VISTA各国の人口ピラミッドをみると、出生率が高いことなどを背景に土台のしっかりした美しいピラミッド型になっていることが分かる。これは、若年人口が豊富で、将来良質な労働力が大量に供給されることを示唆する。

そして3番目の条件は、産業基盤や法体系を整備しつつ、外資の導入を積極的に行っていることだ。

一般的に、開発途上国は外資導入を通じて、経済発展を遂げた国・地域の最新の技術等を吸収できるのでより高い成長が可能になる。最近のVISTAにおける1人あたりGDPの高成長は、外資開放の効果が徐々に現われ、生産性が改善してきた結果と解釈できるだろう。実際、海外からの直接投資の流入は、VISTAの輸出や投資の飛躍的な拡大につながり、経済成長や生産性の上昇に大きな影響を与えている。

さらに4番目の条件として、VISTA各国で購買力のある中産階級が増えてきたことも消費主導の高成長を促している。

中産階級の台頭は、自動車や家電製品など比較的単価の高い耐久消費財の爆発的な普及へとつながる。

かつての日本も、中間所得層が台頭した1960年代に三種の神器（テレビ、洗濯機、冷蔵庫）が一気に普及した。実際、各国の中産階級の間では耐久消費財を購入する動きが強まっており、都市部では自動車やパソコン、家電製品などの高額製品が飛ぶように売れている。2006年の実質個人消費は、ベトナムが前年比＋7・5％、インドネシアが同＋3・2％、南アフリカが同＋7・3％、トルコが同＋5・2％、アルゼンチンが同＋7・5％を記録した。

最後に5番目の条件として、政情が安定していることが挙げられる。政情が安定していれば、外国企業も安心してVISTAの国々に投資ができるし、VISTA各国の国民も不安を感じることなく安心して経済活動に邁進することができる。

南ア「ブラック・ダイヤモンド」も要注目

BRICsだけではなく、ポストBRICsと呼ばれる国々でも、豊かな人たちが台頭してきている。

象徴的な事例として、ここではポストBRICsの一角を占める南アフリカの消費市場について紹介しておこう。

南アフリカでは消費が高い伸びで推移している。消費の伸びを牽引しているのは黒人層で、彼らが家電製品や携帯電話、自動車などを積極的に購入している。

南アフリカでは、人口の8割を占める黒人層のなかから、購買力のある中産階級が台頭しつつあるのだ。1994年にアパルトヘイト（人種隔離政策）が完全に廃止されてから、黒人の社会進出が進み、それに伴って黒人の中産階級も徐々に増加するようになった。ここ数年、中産階級の増加スピードは加速している。

新たに台頭してきた黒人の中産階級は、「ブラック・ダイヤモンド」(black diamonds) と呼ばれる。「ブラック・ダイヤモンド」に共通する特徴は、教育水準が高く、社会的な地位も高いということだ。ケープタウン大学の調査によると、2006年の「ブラック・ダイヤモンド」は260万人に上り、2005年（200万人）に比べて、30％も増加した。「ブラック・ダイヤモンド」は、まだ黒人人口（15歳以上）の12％を占めるにすぎないが、黒人の消費全体の54％を担っている。

ブラック・ダイヤモンドの消費支出額は、2005年の1300億ランドから2007年には1800億ランドへと拡大している（黒人全体の消費支出額は2005年の3000億ランドから2007年には3350億ランドへと拡大)。

最近、「ブラック・ダイヤモンド」の間では、非白人居住区から大都市の郊外に移って、そこでマイホームを取得する動きが強まっている。「ブラック・ダイヤモンド」が最も多い地域は、ヨハネスブルクやプレトリアのあるハウテン州で、「ブラック・ダイヤモンド」の66%が居住している(ヨハネスブルクが28%、プレトリアが12%)。「ブラック・ダイヤモンド」によるマイホームの取得に伴って、家具や家電製品、自動車などの消費が増えている側面もある。

第7章 成長と環境破壊のジレンマ

北極海の海氷面積が史上最小に

ある夏の日の午後、良雄さんはあまりの暑さに耐えかねて、家のエアコンのスイッチを入れた。風がないので、庭の風鈴は音が出ないが、そのかわりにセミがうるさく鳴いている。松尾芭蕉の句「閑かさや岩にしみいる蟬の声」といった風情のあるものではなく、セミの大合唱となっているのだ。

良雄「せっかくの日曜日、ゆっくり昼寝しようと思ったけど、こんなに暑くては落ち着いて眠れないや。もう汗びっしょりだよ」

佳子「本当に今年の夏は暑いわよね。熱中症にかかって倒れる人もたくさん出ているそうよ」

良雄「この暑さは、地球温暖化の影響なのかなあ。ＢＲＩＣｓやポストＢＲＩＣｓといった国々の経済は高成長を続けているけど、こうした巨大な新興国が高成長をすることが地球温暖化の要因にもなっているんだよね」

良雄「そういえば、新聞に、２００７年の夏に北極海の海氷面積が史上最小になったと書かれていたっけ。地球温暖化は僕たちの予想よりもはるかに速いスピードで進んでいるのかもしれないな」

良雄「米国の科学者のチームは、地球温暖化の影響で、アラスカなど北極圏に生息するホッキョクグマ（白クマ）の数が、2050年には3分の1以下にまで減ってしまうと警告しているそうだ。ホッキョクグマは全世界で2万〜2万5000頭いるというから、2050年にはたったの6000〜8000頭ぐらいになってしまうのか。北極の海氷が減少して、子グマを育てたり、エサを食べたりする場所がなくなるというのが、ホッキョクグマが死滅する一番の原因らしい。本当にひどい話だよ」

佳子「北極海の海氷面積が小さくなったことで、資源確保のチャンスととらえる国も出てきているらしいわ。北極海には原油や天然ガスが豊富に眠っているのよ。氷が溶けてくれば、そうした資源の開発がやりやすくなるってことみたい」

良雄「地球温暖化の危機というのに、まだ資源を追い求めようというのかい？　まったく世の中、どうかしているよ」

佳子「このまま地球の温暖化が続いたら、いずれ人類は滅亡してしまうかもしれないわね。ノストラダムスの大予言は外れたみたいだけど、万有引力の法則を発見したニュートンは、早ければ2060年にも人類は滅亡すると予言していたそうよ。なんだか不吉だわ」

良雄「BRICsやVISTAといった有力新興国は急成長をしているけど、環境問題のために、もう少し二酸化炭素などの排出量を抑えてくれないかなあ」

かつて、民間のシンクタンクであるローマ・クラブは「成長の限界」（1972年）という衝撃的なレポートを全世界に向けて発表した。

ローマ・クラブはこのレポートのなかで「ただちに経済成長を抑制しなければ、21世紀の後半には、天然資源が枯渇し、人類・地球は破局してしまうだろう」と警告を発したのである。このレポートは全世界900万人の人たちに読まれた。

しかし、その後の世界経済をみれば明らかなように、人類はその警告を無視して、ひたすら経済成長に邁進していった。ローマ・クラブの警告はあまりに悲観的すぎるとして、深刻に受け止めない人も少なくなかった。楽観的な立場の人は、「仮に資源が不足するようなことが起きても、新たな代替エネルギーが発見されたり、省エネが進められることで、危機を回避することが十分可能である」と考えたのである。

しかし、私たちの予想を上回るスピードで進む地球温暖化など、現在置かれた状況を考えると、最終的に、ローマ・クラブの見解が正しかったということになるかもしれない。

CO_2の削減義務がない中国・インド

BRICsをはじめとする有力新興国では、現在、工業化やモータリゼーションが急激に進

図表 7-1 BRICsと日本の二酸化炭素排出量の推移

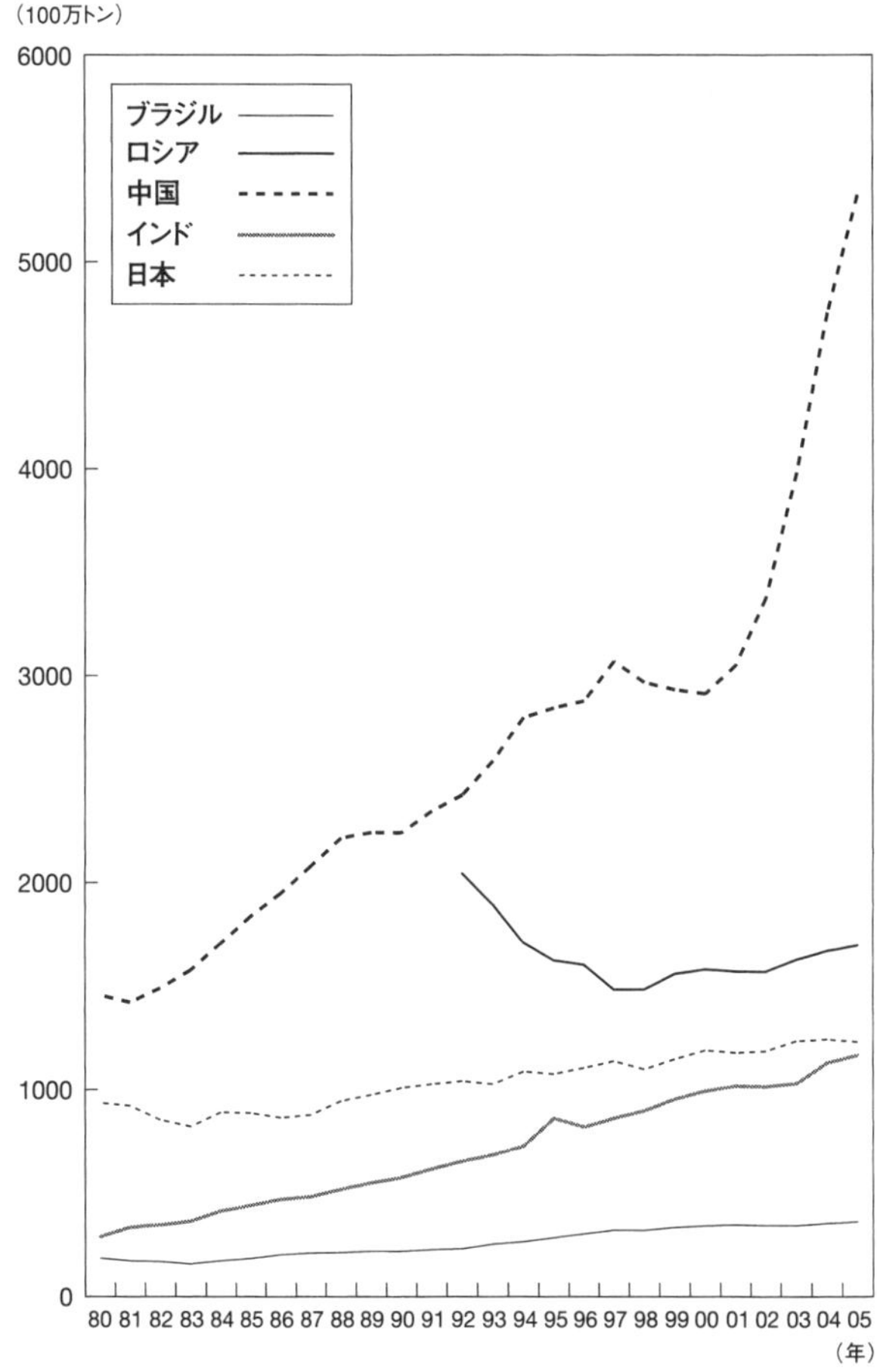

(出所)米国EIA資料より作成

展しており、その結果、工場の煙突から出る煙や、車から出る排ガスが急増している。煙や排ガスには二酸化炭素（CO_2）が大量に含まれている。

このまま有力新興国が、CO_2を排出し続ければ、地球温暖化の問題や気候変動の問題が深刻化する恐れがある。

米国の調査機関「Energy Information Administration（ＥＩＡ）」のデータによって各国のCO_2排出量をみると、たとえば、中国では１９８０年の14億５４６５万トンから２００５年には53億２２６９万トンへと、25年間で３・７倍にも膨らんだ。とくに２０００年代に入ってからの増加スピードが急激となっている（図表７－１）。現在、米国に次いで世界第２位のCO_2排出大国となっているのが中国なのだ。

中国の北京や上海、広州などを訪れた経験のある人はわかると思うが、空を見上げると、晴れた日であっても、どんよりとしている。また30分程度、外を出歩いてホテルに戻ると、自分の鼻や耳の穴が真っ黒になっていることに気がつく。

高成長路線の入り口に立ったインドでも、同じ期間に２億８８８０万トンから11億６５７２万トンへと、CO_2排出量が４・04倍に拡大している。ブラジル、ロシアも含めたＢＲＩＣｓ全体のCO_2排出量は２００５年時点で85億４４９８万トンと、世界のCO_2排出量の実に30・3％を占める。

今後もＢＲＩＣｓ諸国のCO_2排出量は増え続けていくとみられ、ＥＩＡは２０３０年のＢＲＩＣｓのCO_2排出量が１５９億トンに達すると予測している（世界のCO_2排出量の36・4％）。

日本や欧州をはじめとする先進工業国では、１９９７年の「第3回気候変動枠組条約締約国会議（地球温暖化防止京都会議）」で採択された京都議定書に基づき、地球温暖化の要因である二酸化炭素やメタンといった温室効果ガスの削減数値目標を定めた。同議定書を批准した国は、温室効果ガスを１９９０年対比で、２００８〜２０１２年の期間に一定量削減することが義務付けられている。

しかし、残念なことにロシアを除いたＢＲＩＣｓは温暖化抑制策の義務から外されている。有力新興国の多くは温暖化対策の重要性を認識しているが、CO_2の排出削減義務は経済が十分に発展した先進国が負うべきであり、これから経済発展をしていかなくてはならない新興国が負うべきではないと考えている。

先進諸国が京都議定書を通じて温暖化抑制策に取り組んでも、有力新興国であるＢＲＩＣｓが環境保護の意識を高めてCO_2の抑制に参加してこない限り、その効果は限定的なものにとどまる可能性が高い。

このため、ＢＲＩＣｓ諸国の環境ビジネスに、日本をはじめとする先進諸国が積極的に参画し、先進国と開発途上国が協力してCO_2排出量を抑えようという動きが出てくるようになった。

たとえば、中国のケースをとりあげてみよう。すでに欧米諸国は中国の環境ビジネスに積極的に参加している。日本も国を挙げて中国の環境ビジネスに協力していく方針だ。

日本が中国の環境ビジネスに協力する場合、通常は次のようなパターンになる。まず、中国の企業に技術や資金を与えて、大気汚染物質や温暖化ガスの排出量を削減していくようにする。日本は、CO_2の排出量削減を実現した見返りとして、中国からCO_2の排出権を得る。

こうした手法は、京都議定書でも定められている「クリーン開発メカニズム（ＣＤＭ）」方式にのっとったものである。

このような方式で中国に協力していくことについては、中国に日本の先端技術が奪われることになるのではないかという批判の声も上がっている。しかし、現状、京都議定書の目標達成が難しくなっている日本にとっても、中国などからCO_2の排出権を得ることのメリットは大きい。個別の企業レベルでは、中国からCO_2の排出権を取得する動きが徐々に広がっている。たとえば、三菱重工は２００７年10月、中国の電力会社「寧夏発電集団」とCO_2排出権購入契約を結んだ。

「割箸はご入用ですか」

中国財政部は、国内の資源・エネルギーを保護することを目的として、2006年11月1日から、原油や石炭、コークスなど110の品目について輸出関税をかけることを決定した。一方、資源・エネルギーを輸入する際の輸入関税については、逆に引き下げることを決定した。これは、中国から輸出する際の価格を引き上げることで資源・エネルギーの輸出量削減を図るとともに、中国に輸入する際の価格を引き下げることで資源・エネルギーの輸入量促進を狙った措置である。

江沢民時代の中国は、開発優先でひたすら高い経済成長を目標としてきたが、胡錦濤国家主席のもと、2006年からスタートした新しい「第11次5カ年計画」では、高い経済成長よりも環境への配慮、資源利用効率の向上を重視する方針を打ち出しており、今回の関税率の変更はそうした中長期計画の流れに沿った政策といえる。

ところで、輸出関税がかけられる110品目のなかには、日本人に昔から馴染みの深い割箸も含まれている。今回の措置で、中国から割箸などの木材製品を輸出する際には、一律10%の関税がかけられることになっているのだ。

日本は昔から大量の使い捨て割箸を消費してきた。林野庁のデータによると、日本で消費する割箸は年間約258億膳である(2005年)。そのうち、輸入する割箸は約254億膳にも上り、消費する割箸のほとんどを輸入に頼っている状況だ。

さらに、輸入する割箸の99％以上を中国一国に依存している。つまり、現在、日本で使われている割箸のほとんどは中国でつくられたものなのである。そして、中国からの割箸の輸入数量の推移をみると、年々増加傾向にあることがわかる（図表7－2）。2005年度は前年比5・1％増の507・7万ケース、箸の数に換算すると253・7億膳が輸入されている。

実は、割箸の輸入価格は、すでに2005年12月から引き上げられていた。中国の割箸輸出団体が30％の値上げを日本側に通知・実施したためだ。

この背景には、中国国内で、割箸に使用される白樺やアカマツ、エゾマツ、竹といった原木の伐採が難しくなったことがある。白樺・アカマツ・エゾマツは主に中国の東北部で、竹は主に中国の南部で伐採されていたのだが、業者が無計画に伐採を続けたため、砂漠化が進んだり、洪水などが頻繁に起こるようになり、乱開発を見直す機運が高まった。最近では、割箸用の木材の一部を、わざわざロシアから調達して、それを中国国内で加工して輸出するという動きも出てきている。

また、経済発展に伴う人件費の高騰や通貨・人民元の上昇などによって、伐採・加工・輸出するためのコストが上昇したことも中国が割箸の輸出価格の値上げに踏み切った理由として挙げられる。

図表 7-2　日本の中国からの割り箸輸入量

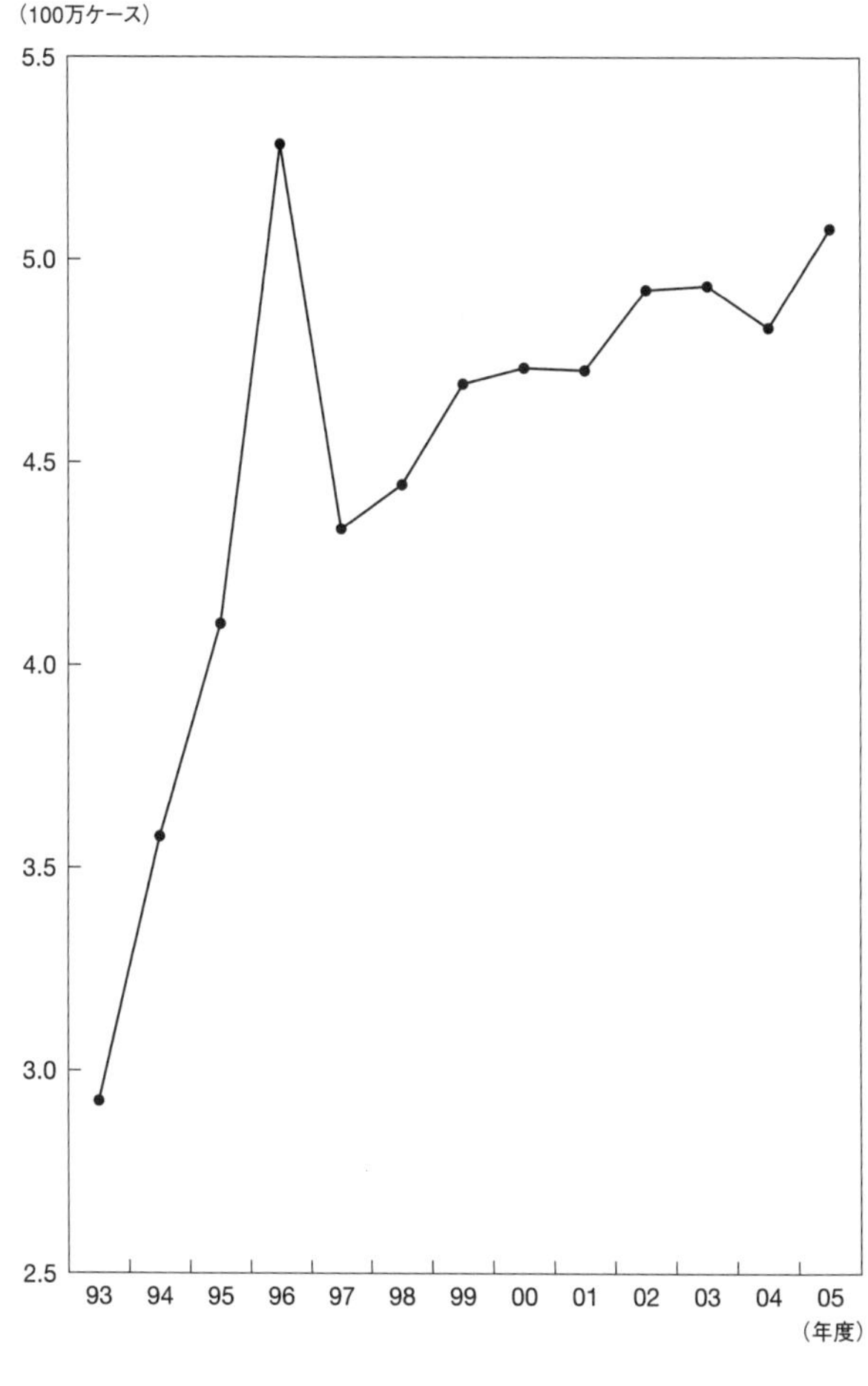

(出所)財務省資料より作成

さらに、最近では、沿岸部を中心に中国国内でも割箸を使う習慣が広がってきたため、日本に輸出する余力は一段と小さくなってきている。

割箸だけではない。中国では、不動産投資がブームとなっているため、住宅建設のための木材も不足気味となっており、丸太をはじめとする各種木材の輸出価格は近年、急速に上昇している。

2005年12月に30%の値上げが実施された後、今回さらに関税率の変更に伴う実質10%の値上げが実施されたことによって、輸入割箸の価格は大幅に上昇することになる。

中国からの割箸の輸入価格が上昇するなかで、コンビニエンスストアや外食産業など割箸を大量に使う日本の産業にとっては、コスト増で収益にマイナスの影響が出てきそうだ。すでに、コンビニや外食産業では、割箸の調達先の変更や有料化を模索する動きが出始めている。コンビニでお弁当を買うと、「割箸はご入用ですか?」と聞かれることが多くなってきた。

その一方、割箸の輸入価格上昇によって、箸メーカーや百貨店などでは想定外の利益が出ている。割箸に有料化の波が広がってきたことや、環境保護に対する意識が高まってきたことから、消費者の間で「マイ箸」がブームになってきたのだ。一部の地方自治体では、飲食店とタイアップして、「マイ箸」持参の客には、割引や優待を実施しようという新たな試みも出てきている。

箸は、価格の二極化が進んでいるが、最近は低価格帯よりも高価格帯の箸の人気が高まっており、デザインなどに工夫をこらした付加価値の高い箸を取り扱う百貨店や専門店では、一膳で数千円もする塗り箸の売れ行きが好調となっているようだ。

インドが世界の水の2割を消費する？

読者のみなさんは、地球にどれだけの水があるかご存じだろうか。

現在、地球に存在する水の総量は約14億立方キロメートルだ。これは、地球全体の表面を3000メートルの深さまで覆うぐらいの量になる。

こう言うと、水は無尽蔵にあるかのような印象を受けるが、この水がすべて使えると思ったら大間違いだ。

人間が利用できる淡水は、そのうちたったの2・7％にすぎない。しかも、淡水の75・2％は氷河や凍土となっており、現実に私たちが利用できるのは淡水全体の24・8％程度、つまり937・4万立方キロメートル（＝14億立方キロメートル×2・7％×24・8％）である。

地球上に存在するほとんどの水が利用できないうえに、利用可能な地下水・地表水は特定の地域に偏って存在するため、世界で5億〜10億人の人々が慢性的な水不足に苦しんでいる。

そして、将来は水不足の問題が一段と深刻化してくることが予想されている。地球温暖化の影響で降雨量が減少し、また水の蒸発量も増えるなど、水の供給が限られる一方で、世界人口の増加や世界経済の急速な発展に伴い、大量の水を消費するようになるためだ。

では、将来、世界の水の消費量はどれぐらい増えるのか。

国際食糧政策研究所（International Food Policy Research Institute, IFPRI）が行ったシミュレーションの結果によると、世界の水の消費量は1995年の段階では、1798・6立方キロメートルであったが、2010年には1929・5立方キロメートルに、そして2025年には2080・5立方キロメートルに拡大する見込みだ。

95年から2025年までの30年間で1・2倍に膨らむことになる。これを先進国と開発途上国に分けてみると、先進国では95年の440・3立方キロメートルから2025年には477・5立方キロメートルへと、37・2立方キロメートルの増加にとどまる。

その一方、開発途上国では、95年の1358・3立方キロメートルから2025年には1603・0立方キロメートルへと244・7立方キロメートルも増加する。つまり、水不足の問題は、主に開発途上国において深刻化するということだ。

世界各国のなかで、95年から2025年にかけての水の消費量が最大となるのが、インドである。インドの水の消費量は、95年の352・8立方キロメートルから2010年には372・9立方キロメートルに、そして2025年には396・3立方キロメートルへと拡大する。

2025年におけるインドの水の消費量は米国(191・2立方キロメートル)の2倍以上となり、世界全体の水消費量の約20%を占めることになるのだ。農業立国であるインドは、農産物をつくるために毎年大量の水を消費する。実際、インドの水消費量の内訳をみると、そのほとんどは農業用の灌漑のための利用となっている。

95年の段階では、インドの家庭の11%が水道水を利用することができた。水不足の問題が深刻化することがなければ、この数字は2025年に47%まで上昇するといわれる。しかし、水不足の問題が深刻化した場合には、13%程度と95年とほとんど変わらない数字となる。

世界銀行は、インドの地表水と地下水が、現在の500立方キロメートルから、2050年には80立方キロメートルまで減少してしまうと予測している。世界銀行によると、すでに、現在でもインドの15%の地域は深刻な水不足に直面しているが、2030年にはその割合が60%まで高まる公算が大きいということだ。

現状、水不足がとくに深刻となっているのはインドの中央部である。これらの地域の農村部では、各家庭が、生活に使用するための井戸水を汲むために往復で何キロもの道を歩かなくてはならない。

男性優位のインド社会では井戸水を運ぶのは女性の仕事になるので、こうした重労働を嫌って、若い女性は水が不足している地域の男性との結婚を避ける傾向があるといわれている。

インドは、将来予想される水不足の問題に対処するために、水の最大の消費部門である農業において水の利用効率を高めたり、雨水を積極的に活用したり、あるいは海水淡水化プラントを建設するなどの施策を行っていく必要がある。

先進国のようにダムをつくる計画も出ているが、安易なダムの建設は、コストがかかるうえ、中長期的な視点で見た場合、自然の河川の流れを分断することを通じて水不足の問題に対して逆効果に働く可能性もあり、十分な検討をしなくてはならない。

水不足時代到来で日本にビジネスチャンス

農業国でない日本は、水不足とは無縁と思われるかもしれないが、実際には輸入する食糧の多くに水が使われるため、間接的に大量の水を消費している。

世界自然保護基金（WWF）の調査によると、たとえば、ひときれのパン（30グラム）には40リットルの水が、1杯のりんごジュース（125ミリリットル）には190リットルの水が、そして卵ひとつ（40グラム）には135リットルの水が使われている。世界的な水不足の問題は日本の食糧問題にも直結するのだ。

将来、世界的に水不足が深刻化することになれば、「なにがあっても水の値段だけはタダ」という、私たちのこれまでの常識は覆され、希少な資源として、ごく普通の水が商品になる可能性も出てくる。

水不足時代の到来で、これからは海水の淡水化や汚れた工場用水の浄化・再利用などに使用する「濾過膜」のビジネスが活況を呈することになるだろう。東レ、東洋紡、日東電工など日本には優れた「濾過膜」製造技術を持つ繊維・化学メーカーがたくさん存在するので、これらの企業の国内外での活躍が期待される。

アマゾンの密林に眠る膨大な遺伝資源

南米の大国ブラジルには、世界最大の熱帯雨林として有名なアマゾンがある（ブラジルの国土面積の4割）。アマゾンの奥地に広がるのは、原始的なジャングルの世界だが、意外なことに、いま最先端の科学がこのアマゾン一帯に熱い視線を注いでいる。

最先端の科学とはバイオテクノロジーのことで、注目されているのはアマゾンの密林に生息する膨大な数の動植物群だ。

アマゾンの密林には、魚や鳥、昆虫、植物、微生物など私たちの想像を絶する種類の生物が生息しており、魚だけでも2000種類以上が知られている。アマゾン全体では20万種以上の生物がいるといわれるが、いまだに発見されていない新種の未確認生物も膨大な数に上ると考えられる。

ところで、アマゾン河流域には、数千年も前からひっそりと生活をするインディオと呼ばれる先住民族がいる。先住民族はブラジル全体で35万人程度と推定されている。そして、先住民族の長老たちは、ブラジルが植民地になるずっと前の時代から先祖代々受け継がれてきた土着の医療法を知っている。それらの医療法のなかには、密林の生物が持つ様々なバイオパワーがふんだんに利用されている。

この秘密に気がついた欧米などの製薬関連企業や研究機関は、1990年代以降、新薬を開発するに際して、ブラジルのアマゾンに多数の研究者を送るようになった。製薬会社などから派遣された研究者は、先住民族の長老たちに会って、伝統的な医療法についてのヒアリング調査を行う。いずれも昆虫や植物、微生物などを新薬の有効成分に役立てることを目的としたものだ。研究者は、様々な生物から抽出した成分をサンプルとして、これを自国に持ち帰って新薬開発の参考にする。成分調査を行う件数は増えているが、それでも薬効成分がきちんと調査されたのは、まだアマゾンに生息する膨大な生物のほんの数%にすぎない。

毎日100種類以上の生物が絶滅

ただ近年では、ブラジル政府もアマゾンに眠る膨大な遺伝資源を重要視しており、先進諸国がアマゾンの遺伝資源を国外に持ち出す場合には、特許料の支払いを要求するようになってきた。現行の国際的な特許制度のもとでは、先住民に伝わる知識など、もっぱら口承で伝えられる知識は特許の対象とはなっていない。

ブラジル政府は、アマゾンの貴重な遺伝資源が国外に持ち出されることによって、毎年100億ドルもの経済的損失が発生していると主張している。現在、ブラジル政府は、アマゾン一帯に生息するすべての動植物の採集、持ち出しを禁止している。持ち出しが見つかると罰金ではなく即時逮捕の実刑になる。

アマゾンの遺伝資源を活用して先進国の企業が新薬を開発した場合、その利益をどのように分配するかというのは難しい問題だ。

ブラジルは、1992年5月につくられた「生物多様性条約」の国際会議において明確なルールをつくるよう先進国に求めているところだ。もっとも、肝心の先住民族の長老たちのほうは、先進国の企業が特許料を支払うといっても、「人命に関わることに貢献しているのだから、そのような報酬は不要だ」といって断るケースもあるようだ。

その一方、一部の国の間ではブラジルと共同で新薬を開発しようという動きも出てきている。たとえば、2005年には、ブラジル政府と韓国政府が協力してアマゾン一帯で新薬を開発するプロジェクトが打ち出された。

このように、アマゾンはバイオテクノロジーの分野で無限の可能性を秘めているが、近年、アマゾンの熱帯雨林は急速な勢いで消失しており、ブラジルの宝の損失につながっている。

ブラジル政府の統計によると、近年では年平均で約2万5000平方キロメートルずつ、森林面積が消失している。2005年は1万8793平方キロメートルの森林が失われた（図表7-3）。森林が消失する過程で、アマゾンの生物も有効成分が確認されないまま毎日100種類以上が絶滅していっているといわれる。

国際的に需要が急増している大豆などの穀物栽培を増やすために、アマゾンの森林を伐採して耕地に転換しているのだ。ある調査によると、ブラジルで行われているアマゾンの伐採の8割が違法なものであるともいわれる。

このままのペースのアマゾンの破壊が進んでいけば、今後数十年の間にアマゾンの熱帯雨林はなくなってしまうだろう。生物の保護に国境はない。先進国も資金援助などの面で積極的に協力して、バイオテクノロジーの面で無限の可能性を秘めたアマゾンの貴重な遺伝資源を守っていくことが必要だ。

北京郊外にまで迫る砂漠化の危機

佳子「いやあだ。庭で洗濯物を干していたら、ものすごい汚れてる。せっかく洗濯をしたのに、もう一度やり直しだわ」

図表 7-3 アマゾンの森林消失面積

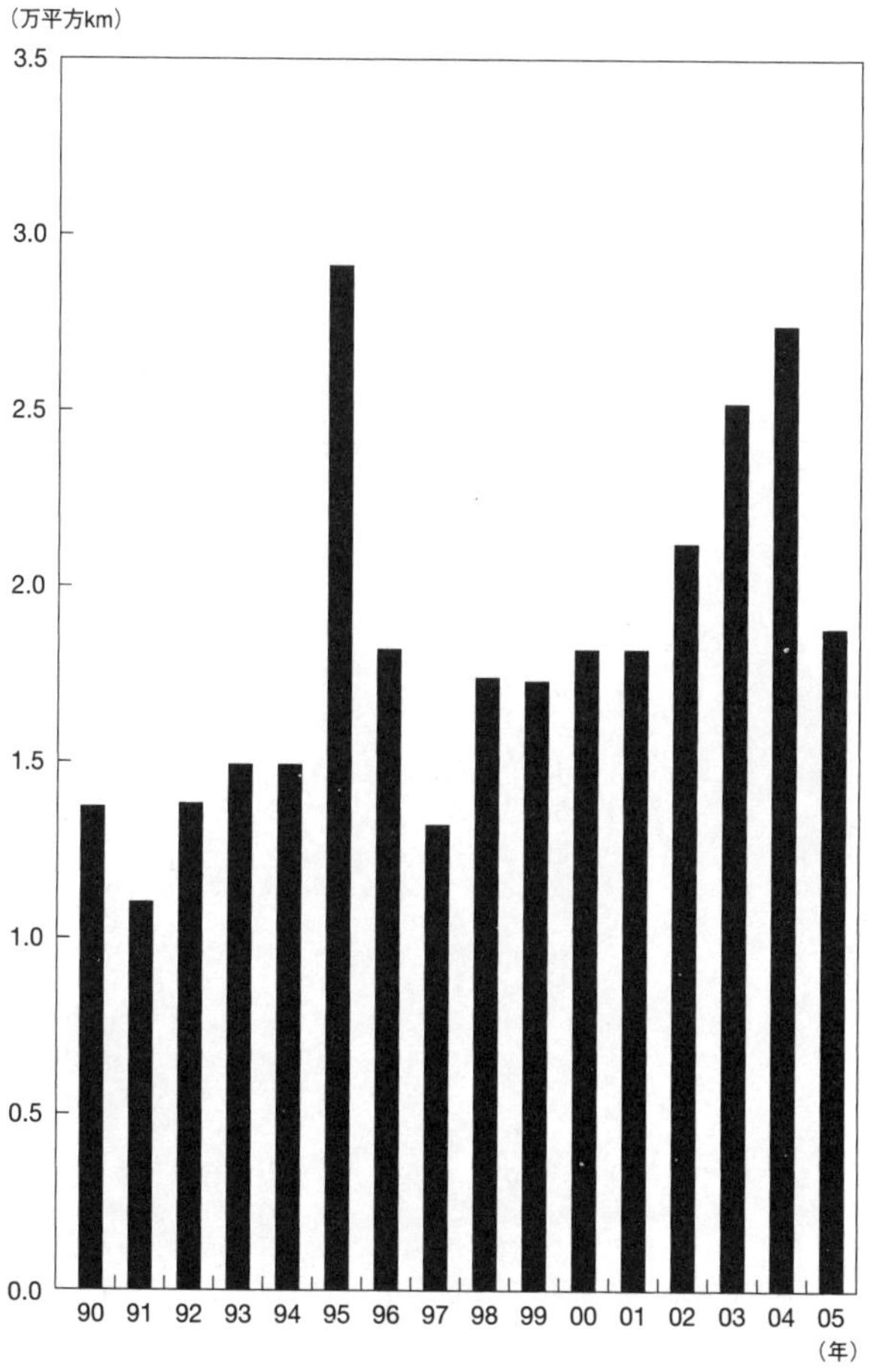

(出所)ブラジル政府資料より作成

良雄「それは、中国から飛んできた黄砂のせいだろう。車も砂塵をかぶっているよ」
佳子「えっ、中国の黄砂って、日本まで飛んできちゃうの？　ありえない〜」
良雄「春先になると、偏西風に乗って中国の黄砂が日本にまで飛来すると、ニュースでやっていたよ。モンゴルで進む砂漠化によって黄砂の量は毎年増える傾向にあるらしい」

現在、地球では、急速なスピードで砂漠化が進行している。砂漠とは、1年を通じて降雨量が少なく、植物がほとんど育たないうえ、人間が生活していくことが困難な地域をさす。あたり一面が岩石と砂に覆われた土地が砂漠である。

「砂漠化」とは、植物に覆われていた土地が砂漠へと変わっていく現象のことだ。１９９４年に採択された国連砂漠対処条約では、砂漠化を「乾燥地域、半乾燥地域、乾燥半湿潤地域で土地が劣化していく現象」と定義している。国連大学によると、地表の約33％の地域で砂漠化が進行しているという。砂漠化は、アジア地域とアフリカ地域に集中している。

アジア地域でとくに砂漠化の問題が深刻化しているのが中国だ。中国国家林業局によると、すでに国土の約18％にあたる１７３・９７万平方キロメートルが砂漠化してしまった。1年間に砂漠化する面積は、約１２８３平方メートル。砂漠地帯は毎年広がり続け、いまでは北京郊外70キロメートルのところまで砂漠が迫ってきている。このままのペースで砂漠化が進行していけば、いずれ北京までもが砂漠にのみこまれてしまう恐れがある。

砂漠化によって4億人の生活に支障が出ており、毎年500億元もの経済的損失が発生しているという。とくに、ゴビ砂漠がある内モンゴル自治区の砂漠化の進行が著しい。内モンゴル自治区では1960年頃から砂漠化が進行するようになった。

なぜ、これほどのスピードで砂漠化が進むのか。砂漠化の原因のひとつとして、家畜を放牧しすぎたことが挙げられる。家畜を乱放牧すると、草木の芽が食べつくされてしまう。そのほか、農地の乱開発や森林の乱伐採なども砂漠化を引き起こす原因とされる。

これまで中国が経済発展を優先して、環境保護をなおざりにしてきたことが、砂漠化の進展を招いたといえる。高成長のつけが砂漠化の進行というかたちで跳ね返ってきているのだ。

中国で進む砂漠化現象は中国だけの問題にとどまらない。近年では、中国の砂漠化が韓国や日本といった周辺国にも無視できない悪影響を及ぼし始めている。

毎年春先になると、砂漠地帯で舞い上がった黄砂が偏西風にのって日本や韓国に襲来するようになっているのだ。洗濯物や車が汚れるなどの被害が出ているほか、農作物の収穫にも大きなダメージを与える。しかも、黄砂には、中国で発生した大気汚染物質が含まれているため、人体にも悪影響が及んでしまう。

中国政府は、乱伐採や乱放牧を禁止するようになったほか、積極的な植林を実施して、砂漠化の進行を食い止めようとしている。しかし、中国政府の対策だけでは限界がある。砂漠化は、国境を越えた地球規模の問題としてとらえ、世界各国が協力していくことが必要である。日本を含めて先進諸国は、環境技術面などで中国を積極的に援助して、砂漠化の進行に歯止めをかけていかなくてはならない。

すでに日本の民間非営利団体（NPO）などは、内モンゴル自治区をはじめ、砂漠化の深刻な地域に植樹を行うといったボランティア活動を行っている。しかし、こうした活動には限界がある。今後は、国家レベルでこうした動きをさらに強化して、広げていく必要があるのではないか。

エコ・ファンドは環境問題の救世主になるか

先般、気候変動に関する政府間パネル（IPCC Intergovernmental Panel on Climate Change）の第4次評価報告書が発表された。

IPCCは1998年に、国連環境計画（UNEP）と世界気象機関（WMO）によって設立された全世界横断的な組織で、世界各国の地球温暖化に関する研究を科学的な立場から検証し、それを取りまとめている。

さて、この報告書によると、現在、地球の自然環境は、温暖化の影響を強く受けているということだ。

全世界の平均気温は１９０６年から２００５年までの１００年間で０・７４℃も上昇している。とくに、後半50年間の気温の上昇スピードが速くなっており、前半50年に比べると、約２倍のスピードで気温が上昇している。

そして、今回公表されたＩＰＣＣ報告書は、地球温暖化の主な原因が、太陽放射など自然現象によるものではなく、人為的な温室効果ガスの増加によるものであると、ほぼ断定した。

また最近では、地球温暖化の危機を叫ぶアル・ゴア元副大統領の『不都合な真実』が世界的なベストセラーを記録した。アル・ゴア元副大統領は、世界を飛び回って、全世界規模で早急に地球温暖化対策に取り組むことの必要性を訴えている。

このように環境問題が深刻化するなかで、世界的に環境保全に対する意識が高まりつつある。投資の世界においても、個人投資家が株式投資をする際に、「環境」というキーワードが重視・注目されるようになってきた。

最近では、いわゆる「エコ・ファンド（Eco fund）」が人気を集めている。「エコ・ファンド」とは、環境問題に積極的に取り組んでいる企業をピックアップして、それらの企業の株式で運用する投資信託商品のことだ。

「エコ・ファンド」の運用には、具体的にどういったメリットがあるのか。

まず、企業の側に立ってみると、環境問題に取り組むことが評価されて、投資家から資金援助を受けることができる。また企業のイメージもよくなるので、それによって株価が上昇することも期待できる。

一方、「エコ・ファンド」に投資をする個人投資家の立場に立ってみると、環境問題に積極的に取り組んでいる企業に早いうちからまとめて投資をしておけば、これらの企業は将来起こりうるリスクに対する管理が十分になされているので、中長期的に大きなリターンを期待することができる。

「エコ・ファンド」はとくに欧州で人気が高まっている。EU(欧州連合)では他国に先駆けて環境に対する規制を強化したこともあって、企業や投資家の環境に対する意識が強い。たとえば、欧州では、2006年に「エコ・ファンド」に流入した資金が31億7000万ユーロ(約5000億円)と前年に比べて一気に5倍の規模に膨らんだ。

環境投資を促す国際的なフレームワークが整いつつあることもあって、日本でも「エコ・ファンド」の人気が高まってきている。金融機関が相次いで「エコ・ファンド」を作っており、それが個人投資家の注目を集めている。

現在、日本で設定されている主な「エコ・ファンド」は図表7-4にまとめたとおりだ。社団法人投資信託協会のデータによれば、2007年10月7日現在、主な「エコ・ファンド」の資産総額は1767億円にも達している。欧州に比べると3分の1ほどの規模だが、その金額

図表 7-4　国内で販売されている主なエコ・ファンド

2007／10／7現在

投信会社	ファンド名	総資産額（億円）
日興	日興エコファンド	337
日興	年金積立エコファンド	4
大和	ダイワ・エコ・ファンド	607
大和住銀	グローバルエコグロースFA ヘッジアリ	12
大和住銀	グローバルエコグロースFB ヘッジナシ	25
三菱UFJ	エコ・パートナーズ	25
三菱UFJ	グローバル・エコ・ウォーター・ファンド	666
興銀第一L	エコ・ファンド	52
UBS	UBS日本株式エコ・ファンド	27
三井住友	エコ・バランス	12
合計		1,767

（出所）社団法人投資信託協会資料より作成

は着実に増加してきている。

さらに、日本の政府や金融機関が「エコ・ファンド」に対して積極的な支援を行う動きも出てくるようになった。たとえば、環境省は、２００７年度から、「エコ・ファンド」に投資をする個人投資家について、税制の優遇措置を設ける。

具体的には、投資金額に応じた所得税の減税、投資利益が出た場合の所得税、住民税減税などを行う。

金融機関のほうでも、たとえば、環境管理システムの国際規格ＩＳＯ１４００１の認証を取得する企業については、設備投資のための資金を低利で融通するなどの動きが出てきている。

①環境問題に対する意識の高まり、②政策的なサポート、などを背景として、環境に配慮した企業や事業に積極的に投資をする動きは、今後さらに強まってくることが予想される。

１５５５兆円にも及ぶ家計の金融資産が環境投資に向けて本格的に動き出せば、環境問題の早期解決に大きな役割を果たすことになるといえるだろう。

おわりに

本書では、身近な商品の値上がりを入り口にして、新興国を中心とした世界経済の大きな潮流を眺めてきた。読者は、ＢＲＩＣｓやＶＩＳＴＡ、ＭＥＮＡといった有力新興国のパワーを実感できたのではないか。

最後に、身近な商品の値上がりが、今後、私たちの生活にどのような影響を及ぼすのか考えてみたい。

いま世の中は、原油高によるガソリン代の上昇で大騒ぎとなっている。本書を執筆している現在も原油の価格は上昇を続けており、１バレル＝90ドルと史上最高値を更新した。サブプライムローンの問題をきっかけに、世界の投資家が投資マネーを欧米の金融市場から原油にシフトさせていることや、トルコとクルド人武装勢力の緊張関係が高まっていることなどが原油高に拍車をかけている。

トルコはイラク北部に本拠を置くクルド労働者党（ＰＫＫ）との対立姿勢を明確にしており、越境してイラクを攻撃することも視野に入れている。これが中東の政情不安としてとらえられ、原油高を招いている。原油高によってガソリンの値段はさらに一段と上がりそうである。

ガソリンの値段が上がるだけなら私たちの生活にそれほど大きな影響はない。車の運転を控えればすむ話だからだ。

しかし、ガソリン代だけでなく、食品など衣食住に関わる商品まで値上がりするようになると話は別だ。これらの商品は、人間が生きていくうえで、必要不可欠なものだから、値段が上がったからといって、買い物を手控えるというわけにはいかない。生活必需品の値段が上がって一番困るのは、良雄・佳子さん夫婦のように所得水準のそれほど高くない庶民であろう。

原油の値段が上がり続ければ、いずれは購買力がついていけなくなって世界のガソリン需要が減り、原油の値段も下がってくると主張する人もいる。

しかし、世界中で増え続ける富裕層・ニューリッチ層は、十分な購買力を持っているので、ガソリン代が上がったからといって、すぐにドライブを止めるということはしないだろう。だから、富裕層・ニューリッチ層が増えれば増えるほど、ガソリン需要は拡大を続けて、それがさらなる原油高をもたらすことになる。

そして、この原油高は、トイレットペーパーなど生活必需品の値上がりを招く。原油からバイオ燃料へとエネルギー源がシフトしても、やはり生活必需品の値段は上がってしまう。本書で述べたとおり、世界中の農家がバイオ燃料のためにトウモロコシやサトウキビを栽培するようになって、小麦やオレンジなどその他の作物の栽培が減っていくからだ。

結局、富裕層・ニューリッチ層の台頭は、生活必需品の値上げというかたちで、貧しい人たちをさらに苦しい立場に追い込んでいくという側面があるのではないだろうか。

富裕層・ニューリッチ層の台頭は、いわゆる「トリクルダウン効果」を通じて、貧しい人たちにも恩恵をもたらすと主張する人もいる。「トリクルダウン効果」というのは、富裕層やニューリッチ層が消費をすると、そのおこぼれによって貧しい人たちも潤う効果のことだ。たとえば、富裕層が高いお金を払ってメイドや家庭教師を雇うといったケースがこれにあたる。

個別のケースでみれば、確かにそのような効果はあるだろう。しかし、富裕層・ニューリッチ層が豪華な消費をすることによって、生活必需品の値上がりを招くのであれば、「トリクルダウン効果」はあまり意味がない。所得と生活必需品の値段が同時に上がっているので、貧しい人たちの実質的な所得はなんら変化していないことになるからだ。

私たちは、身近な商品の値上がりが、庶民の生活に深刻な影響を及ぼすことに十分留意しておく必要があるだろう。

なお、本書の執筆にあたっては、幻冬舎編集部の小木田順子さんに大変お世話になった。記して感謝したい。

2007年10月　BRICs経済研究所代表　門倉貴史

著者略歴

門倉貴史《かどくらたかし》

一九七一年神奈川県生まれ。

慶應義塾大学経済学部卒業後、㈱浜銀総合研究所に入社。

㈱第一生命経済研究所主任エコノミスト等を経て、

二〇〇五年七月よりBRICs経済研究所代表を務める。

〇七年度同志社大学大学院非常勤講師。

専門は、日米経済、アジア経済、

BRICs経済、地下経済と多岐にわたる。

『人にいえない仕事はなぜ儲かるのか?』(角川oneテーマ21)、

『ワーキングプア』(宝島社新書)、

『出世はヨイショが9割』(朝日新書)、

『中国が世界を買いあさる』(洋泉社)など、著書多数。

幻冬舎新書

小浜逸郎
死にたくないが、生きたくもない。
死ぬまであと二十年。僕ら団塊の世代を早く「老人」と認めてくれ――「生涯現役」「アンチエイジング」など「老い」をめぐる時代の空気への違和感を吐露しつつ問う、枯れるように死んでいくための哲学。

小山薫堂
考えないヒント
アイデアはこうして生まれる
「考えている」かぎり、何も、ひらめかない――スランプ知らず、ストレス知らずで「アイデア」を仕事にしてきたクリエイターが、20年のキャリアをとおして確信した逆転の発想法を大公開。

久坂部羊
日本人の死に時
そんなに長生きしたいですか
あなたは何歳まで生きたいですか？ 多くの人にとって長生きは苦しく、人の寿命は不公平だ。どうすれば満足な死を得られるか。数々の老人の死を看取ってきた現役医師による〝死に時〟の哲学。

田中和彦
あなたが年収1000万円稼げない理由。
給料氷河期を勝ち残るキャリア・デザイン
大企業にいれば安泰、という時代は終わった。年収1000万円以上の勝ち組と年収300万円以下の負け組の二極分化が進む中で、年収勝者になるために有効な8つのポイントとは。

幻冬舎新書

鈴木謙介＋電通消費者研究センター
わたしたち消費
カーニヴァル化する社会の巨大ビジネス

ラブandベリー、『赤い糸』、初音ミク……これらは一般的知名度は低いが、一部の間で大流行しているゲームやケータイ小説などである。「内輪の盛り上がり」が生む大量消費を、気鋭の社会学者が分析。

浅羽通明
右翼と左翼

右翼も左翼もない時代。だが、依然「右—左」のレッテルは貼られる。右とは何か？　左とは？　その定義、世界史的誕生から日本の「右—左」の特殊性、現代の問題点までを解明した画期的な一冊。

香山リカ
スピリチュアルにハマる人、ハマらない人

いま「魂」「守護霊」「前世」の話題が明るく普通に語られるのはなぜか？　死生観の混乱、内向き志向などとも通底する、スピリチュアル・ブームの深層にひそむ日本人のメンタリティの変化を読む。

久坂部羊
大学病院のウラは墓場
医学部が患者を殺す

医者は、自分が病気になっても大学病院にだけは入りたくない——なぜ医療の最高峰・大学病院は事故を繰り返し、患者の期待に応えないのか。これが、その驚くべき実態、医師たちのホンネだ！

幻冬舎新書 059

世界一身近な世界経済入門

二〇〇七年十一月三十日　第一刷発行

著者　門倉貴史

発行者　見城 徹

発行所　株式会社 幻冬舎

〒一五一-〇〇五一 東京都渋谷区千駄ヶ谷四-九-七
電話 〇三-五四一一-六二一一(編集)
〇三-五四一一-六二二二(営業)
振替 〇〇一二〇-八-七六七六四三

ブックデザイン 鈴木成一デザイン室

印刷・製本所 中央精版印刷株式会社

Printed in Japan ISBN978-4-344-98058-7 C0295
か-5-1

幻冬舎ホームページアドレス http://www.gentosha.co.jp/
*この本に関するご意見・ご感想をメールでお寄せいただく場合は、comment@gentosha.co.jpまで。

幻冬舎新書

山﨑武也
人生は負けたほうが勝っている
格差社会をスマートに生きる処世術

弱みをさらす、騙される、尽くす、退く、逃がす……あなたはちゃんと、人に負けているか。豊富な事例をもとに説く、品よく勝ち組になるための負け方人生論。妬まれずにトクをしたい人必読！

井上薫
狂った裁判官

裁判官が己の出世欲と保身を優先することで、被告人の九九%が有罪となる一方、殺人を犯しても数年の懲役しか科せられないことさえある……矛盾がうずまく司法のカラクリを元判事が告発する衝撃の一冊。

江上剛
会社を辞めるのは怖くない

会社は平気で社員を放り出すし、あなたがいなくても企業は続いていく……。だったら、思い切って会社を辞め、新しい一歩を踏み出してみては？　今すぐ始められる、その準備と心構え。

斉須政雄
少数精鋭の組織論

組織論の神髄は、レストランの現場にあった！　少人数のスタッフで大勢の客をもてなすためには、チームの団結が不可欠。一流店のオーナーシェフが、最少人数で最大の結果を出す秘訣を明かす！

幻冬舎新書

長嶺超輝
裁判官の爆笑お言葉集

「死刑はやむを得ないが、私としては、君には出来るだけ長く生きてもらいたい」。裁判官は無味乾燥な判決文を読み上げるだけ、と思っていたら大間違い。個性あふれる肉声を集めた本邦初の裁判官語録。

星川淳
日本はなぜ世界で一番クジラを殺すのか

国民一人当たり年間平均3切れしか鯨肉を口にしない現状で、国際社会の取り決めを無視してクジラを〝水産資源〟として捕り続ける日本のマナー違反を徹底的に検証し、環境と共存する生き方を探る。

本田直之
レバレッジ時間術
ノーリスク・ハイリターンの成功原則

「忙しく働いているのに成果が上がらない人」から「ゆとりがあって結果も残す人」へ。スケジューリング、ToDoリスト、睡眠、隙間時間etc.最小の努力で最大の成果を上げる「時間投資」のノウハウ。

出井伸之
日本進化論
二〇二〇年に向けて

大量生産型の産業資本主義から情報ネットワーク金融資本主義へ大転換期のいまこそ、日本が再び跳躍する好機といえる。元ソニー最高顧問が日本再生に向けて指南する21世紀型「国家」経営論。